中国养老
行业发展报告
2021

Report on the Pension and Caregiving Industry in China

罗守贵　谈义良◎主编

上海交通大学出版社
SHANGHAI JIAO TONG UNIVERSITY PRESS

内容提要

本书是对 2021 年中国养老行业发展状况所做的一项研究。全书由宏观分析、案例分析和政策分析三大部分组成。上篇从宏观角度分析了中国养老市场的需求及其变化、市场供给特点及其变化趋势，以及养老行业发展所面临的问题。中篇选取了九如城集团、复星康养、亲和源、爱志旺、深圳罗湖医院集团、友康科技等养老企业，以及上海市长宁区和北京市朝阳区的探索模式作为案例对中国养老行业发展的路径进行了分析与探讨。下篇对养老行业相关政策进行了解读，以期使相关部门、地方政府和企业在理解中国养老行业发展特点及相关政策的基础上，探索一条适合中国的发展道路。

图书在版编目（CIP）数据

中国养老行业发展报告. 2021 / 罗守贵，谈义良主编 . — 上海：上海交通大学出版社，2021.12
ISBN 978 - 7 - 313 - 26156 - 4

Ⅰ.①中… Ⅱ.①罗… ②谈… Ⅲ.①养老-服务业-产业发展-研究报告-中国- 2021 Ⅳ.①F726.99

中国版本图书馆 CIP 数据核字（2021）第 253116 号

中国养老行业发展报告 2021
ZHONGGUO YANGLAO HANGYE FAZHAN BAOGAO 2021

主　　编：罗守贵　谈义良
出版发行：上海交通大学出版社　　　　地　　址：上海市番禺路 951 号
邮政编码：200030　　　　　　　　　　电　　话：021 - 64071208
印　　刷：当纳利（上海）信息技术有限公司　经　　销：全国新华书店
开　　本：710mm×1000mm　1/16　　　印　　张：14.5
字　　数：200 千字
版　　次：2021 年 12 月第 1 版　　　　　印　　次：2021 年 12 月第 1 次印刷
书　　号：ISBN 978 - 7 - 313 - 26156 - 4
定　　价：75.00 元

版权所有　侵权必究
告 读 者：如发现本书有印装质量问题请与印刷厂质量科联系
联系电话：021 - 31011198

《中国养老行业发展报告 2021》编委会

（按姓名汉语拼音排序）

陶斯劼　上海卓代企业管理有限公司高级咨询顾问,上海交通大学行业研究院研究员

王爱民　上海交通大学行业研究院养老行业研究团队研究员、安泰经济与管理学院讲师

奚俊芳　上海交通大学行业研究院养老行业研究团队研究员、安泰经济与管理学院副教授

燕则铭　上海卓代企业管理有限公司高级咨询顾问,上海交通大学行业研究院研究员

杨雨同　上海卓代企业管理有限公司高级咨询顾问,上海交通大学行业研究院研究员

张　超　上海交通大学行业研究院养老行业研究团队研究员

张国安　上海卓代企业管理有限公司总裁、首席顾问,上海交通大学行业研究院研究员

张鹏飞　上海浦东亲和源老年建筑研究所研究员

郑育家　上海交通大学行业研究院养老行业研究团队研究员、安泰经济与管理学院讲师

庄雪娇　上海交通大学行业研究院养老行业研究团队研究员,九如城集团综合支持副总经理

总　序

2018 年 9 月，上海交通大学安泰经济与管理学院提出了"纵横交错，知行合一"的学院战略，旨在彻底改变商学院的研究范式，回归到理论与实践紧密结合的商学研究本源。传统的商学研究范式主要是以学科为导向，这种(学术)研究我们称之为"横向"，而安泰战略是在传统的研究范式基础之上，开拓"纵向"的行业研究，即以行业问题为导向的研究，其目的是打造一个学术研究与行业研究相辅相成、交错发展的新商学生态。

2018 年年底，上海交通大学行业研究院应运而生。这是安泰经管学院改革探索的"桥头堡"，旨在汇集各方资源，推动学院派行业研究的发展，并把行研成果用来反哺科研与教学，不断提高商学院的社会贡献。在过去的几年里，我们非常高兴地看到行业研究的理念已经得到广大安泰师生和校友们的积极响应，企业与社会调研、跨界交流与合作蔚然成风，行业讲座与课程如雨后春笋，行业研究系列成果正在逐渐形成，一个跨学科、跨院校、跨学界业界的行业研究生态已现雏形。

"上海交通大学行业研究院行研成果丛书"是传播安泰行业研究系列成果的一种重要形式。我们希望通过这套丛书把安泰行研团队取得的一些重要成果收集起来，分行业汇编成册、广泛传播。如果这些成果最终能够在经济社会的发展中起到一定的推动作用，我们将感到无比的欣慰。

在此,也一并向社会各界长期以来对安泰的发展给予的关注与支持表示衷心的感谢!

上海交通大学安泰经济与管理学院院长

上海交通大学行业研究院院长

2021 年 12 月

前言　中国养老行业发展的大幕已经拉开

根据国家统计局公布的第七次全国人口普查结果，截至 2020 年 11 月 1 日，中国 60 岁及以上人口达 2.64 亿，占总人口的 18.70%，其中 65 岁及以上人口达 1.91 亿，占总人口的 13.50%。按照联合国的标准，当一个国家或地区的 60 岁及以上老人占总人口的 10%，或者 65 岁及以上老人占总人口的 7%，则意味着这个国家或地区即进入老龄化。按照这一标准，我国 1999 年已进入老龄化阶段。而根据老龄化进展的速度，"十四五"期间，无论是按 60 岁还是按 65 岁的标准来衡量，中国的老龄化程度都将达到联合国标准门槛的两倍，中国从而进入深度老龄化社会。

从 2022 年开始，1962 年开始的这一批中国婴儿潮出生的人口逐步进入退休年龄。1962—1990 年的 29 年里，全国平均每年出生 2 291.9 万人。这意味着 2022—2050 年的差不多 30 年内，中国老龄化将持续加速。1990 年的生育高峰期末出生的人口退休的时间将在 2075 年左右（届时人均预期寿命将达 85 岁以上）。这意味着今后大约 50 年，中国都将维持非常庞大的老年人口规模。

40 年计划生育政策的实施，中国和世界上几乎所有国家的人口自然演进都不相同。1991 年以后，中国出生人口迅速减少，1991—2020 年的 30 年，全国平均每年仅出生 1 598.7 万人。这 30 年平均每年出生人口数不到前 29 年(1962—1990 年)平均每年出生人口的 70%,平均每年少出生人品 693.2 万。

　　自第一次人口普查以来的近 70 年间,中国人口结构的变化非常迅速,突出特征是随着老年人口比重的上升,老年人口抚养比也迅速上升(见表 1)。第一次人口普查到第二次人口普查期间老年人口抚养比有所下降,原因可能与中华人民共和国成立前多年的战争导致年轻人伤亡比重较高有关。

表 1　中国七次人口普查反映的老龄化趋势

人口普查 /年份	60 岁及以上人口		65 岁及以上人口		老年人口 抚养比[①]/%
	数量/万人	占比/%	数量/万人	占比/%	
第七次人口普查 (2020 年)	26 402	18.70	19 059	13.50	19.70
第六次人口普查 (2010 年)	17 765	13.30	11 883	8.87	11.90
第五次人口普查 (2000 年)	13 601	10.50	8 810	6.96	9.90
第四次人口普查 (1990 年)	9860	8.50	6 315	5.57	8.30
第三次人口普查 (1982 年)	7842	7.60	4 950	4.91	8.00
第二次人口普查 (1964 年)	4411	6.10	2 473	3.56	6.40[②]
第一次人口普查 (1953 年)	3130	5.20	2 569	4.41	7.40[③]

①老年人口抚养比(old-age dependency ratio,ODR)是从经济角度反映人口老化社会后果的指标之一,也称老龄人口抚养系数,简称老年系数。计算公式:ODR=(65 岁及以上人口数/劳动年龄人口数)×100%,劳动年龄人口在我国指 15~64 周岁人口。

②第一次人口普查老年人口抚养比引自路遇 2017 年出版的《新中国人口五十年(上下)》(中国社会科学出版社)。

③本表其他数据均来自第一次至第七次人口普查数据和中国统计年鉴各个相关年份。

从第二次人口普查到第七次人口普查的 50 多年间,老年人口抚养比持续上升,但其中从第二次人口普查到第六次人口普查的老年人口抚养比上升尚比较平缓(见图 1)。第六次人口普查结果与第七次人口普查结果的对比表明,这十年老年人口抚养比上升十分迅猛,从 11.90% 跳跃到 19.70%,相对上升幅度达 65.55%。

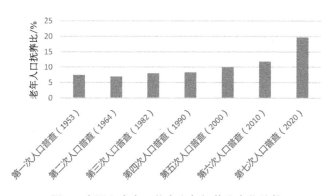

图1 中国七次人口普查老年抚养比变化趋势

(数据来源:同表 1)

这种人口结构到 2050 年前后几乎都会呈现出上宽下窄的倒金字塔式,这为全社会的养老带来了很大的挑战。凡事预则立,不预则废。面对即将到来的深度老龄化社会,我们必须未雨绸缪。

中国规模化的养老服务,尤其是市场化的养老服务起步比较晚,这缘于中国过去比较年轻的人口结构。长期以来,由民政部门主导的养老服务是作为"事业"来办的,直到现在,还有不少公办养老机构仍以事业单位的形式在经营着。随着老年人口的迅速增加和多样化养老服务需求的提出,这种由政府单一供给的养老服务格局无论是在数量上还是在质量上都难以适应新形势的需求。

近年来,随着国家和地方政府鼓励养老产业发展政策的出台,社会资本陆续进入养老服务市场。除了直接以养老运营服务的企业以外,房地产企业、保险企业、医院等主体纷纷涉足养老产业。尤其是房地产企业和保险企业，以其雄厚的资金、丰富的人才、强大的综合管理能力采用"高举高打"的方式进入养老行业。他们提供的一流硬件环境让人耳目一新，许多堪比五星级酒店的新型养老机构彻底改变了传统养老院的形象，也为老年人提供了更多的选择。不仅如此，看好中国市场的外资机构也开始在中国进行养老产业的布局，法国、日本等知名养老机构陆续进入中国，带来了国际化的养老经营理念和经营模式。

经过十来年的发展，中国养老服务业态已经逐渐丰富起来。高、中、低端的养老机构大约承担了 2%～3% 的养老服务，绝大部分老年人仍然选择在社区内居家养老。其中大部分具有生活自理能力的居家老人通过子女和自我照料基本上能够安度晚年，而一部分失能及半失能老年人则需要全天候住家保姆或时长不等的钟点保姆服务。与此同时，社区在养老服务方面的功能正得到强化。以社区为单位的社区综合为老服务中心遍及全国各个城市。这些为老服务中心为社区内的老人提供短托、日托、午餐、文化娱乐、应急救援等丰富多样的服务。这些服务有些是社区以准公共产品的形式提供的，有些虽然引进了民营机构进行运营，但由于有政府的投入和各种形式的补贴，服务价格也比较亲民。社区综合为老服务中心的存在，使得居家养老得到一定程度的支撑，受到了老年人及其子女的欢迎，也得到了全社会的好评。

总之，面对养老服务需求的巨大挑战，政府和社会力量正在积极响应，但面临的问题也不容回避，主要反映在：政府不断增长的养老财政投入仍然不能适应迅速增加的老年人口规模，无法满足多样化的养老需求，而社会资本进入养老服务领域后却出现盈利情况并不理想的情况；社会化的养老服务供给与承载孝道文化的家庭养老产生了不同程度的冲突；一些探索中的新兴养老模式虽然曙光初现，但蕴含的风险也对行业监管提出了新的挑战。

面对挑战，《中共中央关于制定国民经济和社会发展第十四个五年规划和二〇三五年远景目标的建议》提出了"实施积极应对人口老龄化国家战略"。该文件指出，要"推动养老事业和养老产业协同发展，健全基本养老服务体系，发展普惠型养老服务和互助性养老，支持家庭承担养老功能，培育养老新业态，构建居家社区机构相协调、医养康养相结合的养老服务体系"。

从产业发展的角度看，挑战蕴含着机遇，数十万亿元的银发产业即将崛起。

本报告从养老服务的需求、供给、政策响应等方面揭示养老行业发展的市场环境、发展特征及存在的问题，并通过案例分析和有关政策解读，为中国养老行业勾勒出一个粗略的画像，希望能为政府管理部门、业界和公众提供一些启示。

罗守贵

上海交通大学行业研究院养老研究团队首席专家

上海交通大学安泰经济与管理学院教授、博士生导师

目　录

上编　宏观分析

养老市场需求及其变化

王爱民

一、人口老龄化发展历程

我国自 20 世纪末进入老龄化社会以来，老年人口数量及老年人口占总人口的比重持续增长。随着老年人口占比和人口平均年龄的不断升高，目前我国逐渐步入深度老龄化社会。伴随着人口老龄化过程中出现的不同年龄阶段、城乡之间和区域之间老龄化状况的巨大差异，养老服务需求也呈现出鲜明的差异性。我国人口老龄化的复杂性和多样性、养老服务需求的多元化和层次性，对养老服务的供给能力和质量也提出了更高的要求。

新中国成立 70 多年来，随着经济社会的稳定发展，人民生活水平提高，人均寿命延长，老年人口规模持续增长，人口结构快速改变，中国社会已从新中国成立初期的青年型社会进入目前的老年型社会。根据人口老龄化的发展历程，我国老龄社会的形成可以分为四个阶段：1953—1964年的异常转折期；1964—1982 年的高速增长期；1982—2000 年的老龄化形成期；2000 年以后的加速增长期。

1959—1961 年，我国遭遇了历史上最严重的三年经济困难。在困难时期，老年人口死亡率较高，导致 1964 年人口普查时 65 岁及以上人口规模出现短期下降，仅占总人口的 3.50%。人口增长的异常使得这一时期我国 65 岁及以上老年人口总体上呈现出 U 形变动趋势（见图 1）。

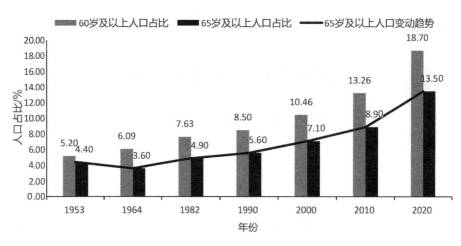

图 1　1953—2020 年我国老年人口变动趋势

（资料来源：历次全国人口普查）

根据波兰人口学家爱德华·罗赛特（Edward Rosset）在其著作《人口问题》中对社会人口类型的划分标准，60 岁及以上老年人口在总人口中占比低于 8% 的社会是青年型社会，占比为 8%～10% 的社会是成年型社会，占比为 10%～12% 的社会是老年型社会。按照这一标准，1982 年全国人口普查时，60 岁及以上人口占比为 7.63%，这表明我国正从青年型社会逐步向成年型社会转变；1990 年全国人口普查时，60 岁及以上人口占比为 8.50%，这表明我国已经从青年型社会转变为成年型社会；在 2000 年全国人口普查时，60 岁及以上人口占比达到 10.46%，65 岁及以上人口占比上升至 7.10%，这表明从 1999 年开始中国社会真正进入了老年型社会。由中国发展研究基金会发布的《中国发展报告 2020：中国人口老龄化的发展趋势和政策》指出，预计到 2050 年，我国 65 岁以上老年人口占比将达到 27.90%，届时我国人口老龄化也将达到顶峰。

1953—2020 年，60 岁及以上老年人口占比的年平均增幅呈现明显的上升趋势。其间，三年严重困难时期人口总数下降，出现了人口自然增长短暂失衡。此后，1978 年开始的改革开放带来了国家经济的快速增长，人民生活条件改善,我国人口平均寿命得以延长,老年人口占比出现高速增长。1964—1982年,60岁及以上老年人口年均增幅达5.6%,明显高于其他年份。在1982年至今的近40年里,我国老年人口呈现出加速增长趋势,年均增幅高于3.3%,2010—2020年年均增幅更是达到4.9%。

伴随着我国老年人口规模和占比加速增长,计划生育政策的实施以及经济社会发展带来的生育观念改变,使得我国的生育率持续下降。2020年,我国平均每个家庭户人口为2.62人,比1982年平均每个家庭户人口4.33人减少1.71人。每个家庭户人口减少加上人口老龄化程度加深,促使65岁及以上老年人口抚养比从1982年的8%升至2020年的17.8%,增长了9.8%。家庭户规模显著缩小,严重削弱了年轻家庭的直接赡养能力,由传统家庭养老模式逐步转向社会化养老模式已经成为一种必然趋势。

与世界上其他早期进入老龄化的发达国家相比,我国老年人口规模大、老龄化进程快、老龄化程度深。受自然条件和地理位置的影响,我国经济社会发展过程中长期存在地区不平衡和城乡不平衡,老龄化社会因此还存在区域之间、城乡之间不平衡的特点。我国人口老龄化不平衡的特征,影响了老年人的养老服务需求,产生了相应的需求差异。同时,身体机能和健康状况差异也使得不同年龄阶段老年人的养老服务需求表现出较大差异。概括而言,老年人的养老服务需求呈现出年龄阶段差异、城乡差异、区域差异的特征。我国老年人口养老服务需求也因此而呈现出多元化、多层次的特点。老龄化在加重年轻一代的抚养负担的同时,必然会引发一系列的社会问题,如何更好地应对老龄化,解决老年人的养老问题,满足不同层次的养老服务需求,已成为中国社会面临的一个重要问题。

二、年龄阶段变化的差异

养老服务内容通常包括生活照料、医疗护理、精神慰藉、紧急救助等基本养老服务和文化娱乐、体育健身、休闲旅游、健康服务、法律服务等老年人需要的其他养老服务,而身体机能是影响养老服务选择的硬性约束条件。

1. 各年龄阶段老年人口健康状况

随着人口老龄化加剧,失能老年人相应大幅增加。失能老年人由于生活不能自理必须依靠他人照顾。与其他健康或不健康但生活能够自理的老年人相比,失能老年人对日常生活照料、医疗保健、心理慰藉、康复护理等方面的养老服务需求更为迫切。从年龄结构来看,高龄老年人中失能老年人占比远远高于低龄失能老年人(见图 2)。随着年龄的增加,个体的身体机能进一步衰退,各种慢性病也更严重,身体健康受损度必然加深,生活不能自理的老年人口比例也随之大幅增加。

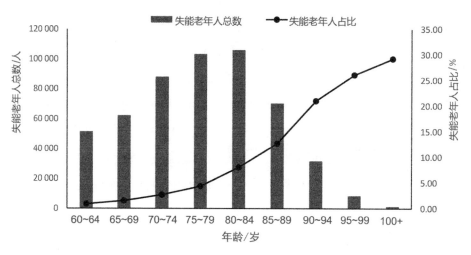

图 2 60 岁及以上生活不能自理老年人总数及占比

(资料来源:第六次全国人口普查)

2. 各年龄阶段老年人养老服务需求

不同年龄阶段的老年人的健康状况、生活方式、心理状态等均存在明显差异。年龄增加，健康状况逐渐下降，不同年龄阶段的老年人对养老服务的需求将出现差异化。在不同的社区养老服务中，老年人对上门看病服务需求最大，在不同年龄阶段老年人养老服务需求中均处于首位，其次是上门做家务和日间照料（见图3）。

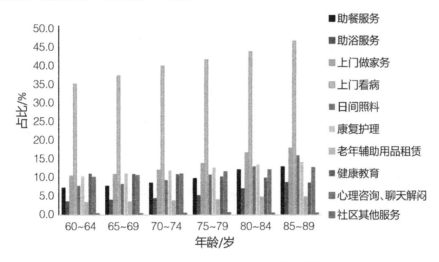

图 3　不同年龄阶段老年人养老服务需求

（资料来源：第四次中国城乡老年人生活状况抽样调查）

进入老年后，身体机能衰退，体弱多病，各种老年病、慢性病是无法回避的现实，上门看病服务需求因而也最为迫切。刚进入老年阶段的低龄老年人对健康教育的服务需求较大，而随着年龄增长，加上自身对老年生活的适应，这一需求会缓慢下降。其他养老服务需求均随年龄增加带来的身体健康受损程度加深而呈现增长趋势。总体上，老年人对养老服务的需求主要集中于医疗、生存和物质需要方面，对于享受型养老服务产品的消费较少。在医疗需要和基本生活需要得到保障后，老年人对心理咨询、聊天解闷等精神慰藉养老服务也存在较大需求。

三、城乡差异

1. 城乡人口老龄化状况

根据《2020 年中国人口和就业统计年鉴》中的抽样调查数据推算，2019 年，我国乡村 60 岁及以上老年人口有 11 408 万，高于城市老年人口（8 196 万）及镇老年人口（5 692 万），并且不同年龄段乡村老年人在总人口中的占比均高于城镇同年龄段老年人（见图 4）。第六次全国人口普查时，乡村 60 岁及以上老年人口比城市和镇老年人口总和多出 2 100 万人。与此同时，全国 60 岁以上生活不能自理的老年人口占比为 2.95%。其中，城市 60 岁及以上生活不能自理老年人口占比为 2.35%，镇区生活不能自理老年人口占比为 2.60%，而乡村生活不能自理老年人口占比为3.32%，远远高于城镇 60 岁及以上生活不能自理的老年人口。与城镇相比，我国乡村老年人口规模大、老龄化程度更深、失能老人占比也更高。

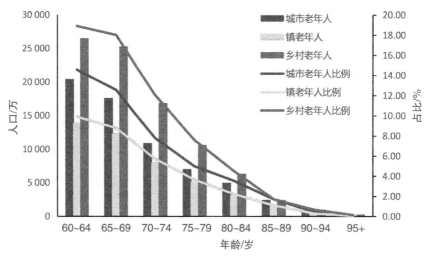

图 4 城乡 60 岁及以上老年人总数及占比

（资料来源：根据《2020 年中国人口和就业统计年鉴》抽样数据绘制）

在我国快速工业化、城镇化的过程中,乡村年轻劳动力大规模流向城镇,乡村"空心化""空巢化"现象日益严重。年轻人口的大量迁出一方面加重了乡村老龄化程度,另一方面也导致乡村传统的家庭养老服务功能加速弱化。我国乡村地区的医疗保健体系、社会保障体系、养老服务体系发展远远落后于城镇的,乡村老年人养老存在的问题也更加突出。与此同时,城市人口平均寿命延长、生育观念改变,以及我国工业化早期流向城市的人口逐步进入老年阶段,加重了城市老龄化程度。与第六次全国人口普查时相比,第七次全国人口普查的城市 60 岁及以上老年人口在总人口中占比显著升高。可以预见,随着我国城镇化进程的加快,人口结构不断改变,未来城市老龄化程度将超过乡村。

2. 城乡老年人养老服务需求

老年收入来源和收入多少等经济因素与老年人养老的市场服务需求紧密相关。由于我国城乡二元结构和城乡发展的巨大差距,乡村收入增长远低于城镇收入增长,不同年龄阶段的乡村老年人年均固定收入均低于城镇同年龄阶段老年人(见图 5)。步入老年以后,除了城乡养老金以外,多数老年人没有更多的收入来源,也没有更多能力从事有收入的劳动。因此,无论是城镇还是乡村,不同年龄阶段老年人的年均固定收入并不存在显著差别(城镇内部、乡村内部比较)。乡村老年人的经济保障水平普遍低下,年均固定收入处于一个极低水平,很多乡村老年人的生活相对困难。

我国的城乡居民基本养老保险制度在农村实行较晚,最早是在 2009 年开始试点的。现在全国农村老人普遍领取的仅有全国城乡居民基本养老保险基础养老金,其最低标准从 2009 年的每人每月 55 元,增加到 2015 年的每人每月 70 元,到 2018 年的每人每月 88 元,再到 2020 年的每人每月 93 元。这是全国统一标准,欠发达地区基本上都是执行这个标准。由于各地可根据当地实际提高基础养老金标准,发达地区要多一些,但一般人均每月也不超过几百元，全国最高的上海地区人均每月也只有 1200 元。

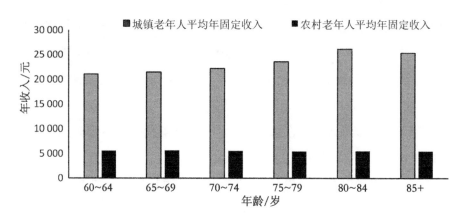

图 5　城乡老年人平均每年固定收入

（资料来源：第四次中国城乡老年人生活状况抽样调查）

　　由于经济条件、受教育程度、生活观念的差别，城镇和乡村老年人养老服务的需求存在较大差异（见图 6 和图 7）。

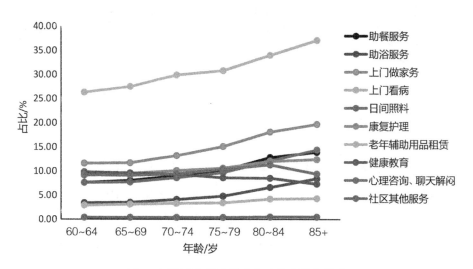

图 6　城镇各年龄阶段老年人养老服务需求

（资料来源：第四次中国城乡老年人生活状况抽样调查）

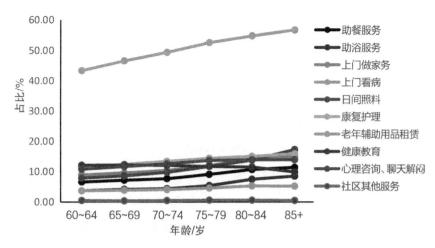

图7　乡村各年龄阶段老年人养老服务需求

（资料来源：第四次中国城乡老年人生活状况抽样调查）

　　无论是城镇老年人还是乡村老年人，他们对上门看病服务的需求都远远大于其他养老服务，而乡村老年人对上门看病的服务需求占比甚至高于城镇老年人的。乡村老年人的健康状况普遍比城镇同年龄段老年人差，而乡村医疗水平却远远低于城镇医疗水平，乡村老年人因此也更加担心日常疾病得不到及时诊治，对上门看病服务需求也更为迫切。城市老年人对上门做家务的需求紧随上门看病服务之后，而乡村老年人由于自年轻时代起就常年承担繁重农务劳动，往往自己承担家务，对上门做家务服务并没有太大需求。乡村老年人除了对上门看病服务的需求较大，对其他养老服务的需求均低于同年龄段城镇老年人。

　　总体来看，老年人对疾病诊治、日常生活照料、康复护理、心理咨询/聊天解闷等基本养老服务和精神慰藉的需求较大。无论是城镇还是乡村，不同年龄阶段的老年人对疾病诊治服务的需求都很大，占据所有养老服务需求的首位，并且随着年龄增长，他们对上门看病服务的需求会快速增加。因此，由医疗机构与养老结构合作的医养结合将成为我国养老模式的重要选择。

四、区域差异

1. 区域人口老龄化状况

从区域分布来看(见图 8),我国人口老龄化程度存在显著的地区间不平衡。在大陆的 31 个省、自治区和直辖市中,辽宁、上海、黑龙江、吉林的 60 岁及以上老年人口规模较大,占据全国前四。按照国家统计局最新划分办法,全国分为东部、中部、西部和东北四大地区。[①] 东部地区的上海和江苏、西部地区的重庆和四川老年化程度较高,中部地区次之;西部地区除重庆、四川、陕西外,老龄化程度均低于其他区域。长期低下并持续下降的人口自然增长率是导致以上区域老龄化程度加快的主要原因。

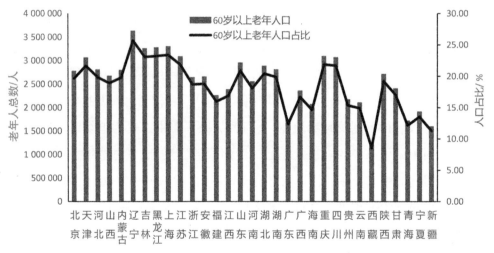

图 8　各地区 60 岁及以上老年人总数及占比

(资料来源:第七次全国人口普查)

---

① 东部地区包括北京、天津、河北、上海、江苏、浙江、福建、山东、广东和海南 10 个省(直辖市);中部地区包括山西、安徽、江西、河南、湖北和湖南 6 个省;西部地区包括内蒙古、广西、重庆、四川、贵州、云南、西藏、陕西、甘肃、青海、宁夏和新疆 12 个省(直辖市、自治区);东北地区包括辽宁、吉林和黑龙江 3 个省。

2010 年第六次全国人口普查时,西藏处于成年型社会,宁夏、青海、新疆、广东的 60 岁及以上人口占比在 9% 以上,接近 10%。2020 年第七次全国人口普查时,仅有西藏仍处于成年型社会,其他省市均也已经进入老龄化社会。第六次全国人口普查时,辽宁的老龄化程度略高于全国平均水平,而吉林和黑龙江的仍低于全国平均水平。第七次全国人口普查时,东北三省的老龄化程度已经远远高于全国平均水平。人口大规模外流是导致东北三省老龄化程度加快的重要原因,不同的是,其他区域人口外流主要表现为乡村人口流向城镇,而东北地区城市出现了人口大量迁出的现象。我国经济发展过程中长期存在区域经济差距,随着宏观调控政策的实施和区域发展战略的深入推进,东、中、西部差距趋于缓和,而北方尤其是东北地区经济增长缓慢状况仍没有得到显著改善。经济发展乏力导致东北地区城市年轻人口迁出规模不断扩大,同时生育率长期低于全国平均水平,东北三省城市空心化严重、老龄化速度加快,老年人面临的养老问题比其他地区更为严重。

失能老年人的区域分布情况显示,西藏的 60 岁及以上老年人口中生活不能自理的老年人占比为 5.45%;北京次之,为 4.43%;其余省份的失能老年人比例均低于 4.00%,广东和福建两省失能老年人的占比最低,分别为 1.80% 和 2.16%。在失能老年人总数方面,四川、河南、山东相对更多,均在 2 万人以上,而西藏由于人口相对年轻且人口基数小,失能老人仅有 1 135 人(见图 9)。

2. 不同区域老年人经济保障状况

老年人的经济保障是制约老年人养老服务消费、决定其老年生活质量的重要因素。通常有稳定或较高的退休金、经济条件较好的老年人相对于没有固定收入或退休金较少的老年人选择机构养老的意愿更高一些,而后者受经济条件限制,更倾向于选择居家养老。现在 60 岁及以上老年人大多出生于 20 世纪 50 年代以前,传统观念较强。同时,他们人生

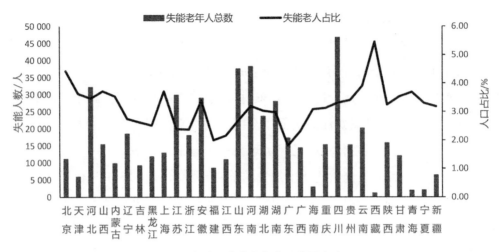

图9　各地区失能老年人总数及占比

(资料来源:第六次全国人口普查)

的大部分时间处于中国经济社会发展水平较低时期,这导致他们进入老年后依然面临养老金不高、积累较少的境况。全国各地 60 岁及以上城乡老年人自认为经济保障非常宽裕的比例普遍较低(见图10),多数老年人认为自身经济保障处于基本够用的状态。甘肃、海南、河南、内蒙古、吉林的老年人中认为自己经济保障非常困难的占比明显高于其他省份的。显然,经济欠发达地区的老年人认为自己经济保障非常困难的比例相应较高。

改革开放 40 多年来,我国经济发展取得了举世瞩目的成就,但是由于区位条件及经济发展基础差异,区域经济发展存在较大不平衡,东西差距、南北差距仍然较大。虽然国家区域经济调控政策的有效实施促进了区域经济协调发展,区域差距有所缩小,然而经济欠发达地区的老年人对自己的经济保障并不乐观。经济保障水平决定了老年人的养老服务消费方式:经济保障水平较低的老年人的养老服务需求局限于满足基本生存需要,经济保障水平较高的老年人才可能对享受型养老服务有较大需求。

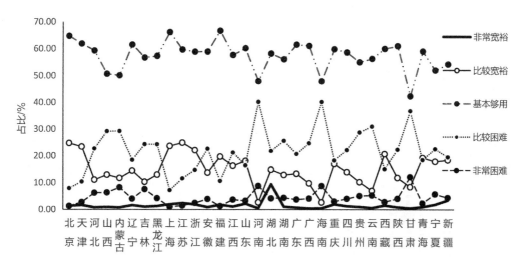

图 10 各地区老年人经济保障情况自我评价

（资料来源：第四次中国城乡老年人生活状况抽样调查）

五、养老服务需求变动趋势

1950 年我国颁布的第一部法律《中华人民共和国婚姻法》第四章第十三条规定："父母对于子女有抚养教育的义务；子女对父母有赡养扶助的义务；双方均不得虐待或遗弃。" 2020 年我国颁布的《中华人民共和国民法典》第一千零六十七条规定："成年子女不履行赡养义务的，缺乏劳动能力或者生活困难的父母，有要求成年子女给付赡养费的权利。"在中国几千年的发展历史中，"尊老、敬老"作为一种美德已经深入人心，对家庭承担赡养老人的责任形成了一种道德和伦理约束力量，得到了广大民众的认可。在文化、责任和亲情的共同影响下，中国社会形成了以家庭承担老人养老服务的传统观念，老年人自身也大多渴望依靠家庭养老。

从城乡有人照顾的 60 岁及以上老年人的照料护理者的情况来看（见

图11和图12),无论是在城镇还是在乡村,不同年龄阶段老年人仍以包括配偶、儿子、儿媳、女儿、女婿、孙子、孙女在内的家人照料护理为主,其次是其他亲属、家政人员(保姆、小时工)及养老机构。家政人员照料护理是城镇老年人获得家人以外人员照顾的主要方式,而其他亲属照料护理则是乡村老年人获得家人以外人员照顾的主要方式。

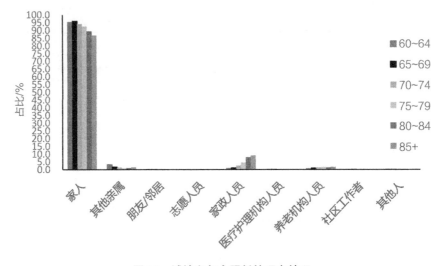

图11　城镇老年人照料护理者情况

(资料来源:第四次中国城乡老年人生活状况抽样调查)

目前,中国社会老年人养老处在由家庭养老为主模式逐步引入机构养老服务的过渡期。由于受到传统观念和青壮年时期的经济收入影响,我国老年人大多数仍期待依赖家庭养老,市场化养老服务正逐渐进入老年人的养老服务选择中,但尚未成为主流观念。

随着我国社会结构、经济结构和家庭结构的变化,以及社会老龄化意识的增强,整个社会养老观念正在发生变化。随着我国社会老龄化程度的加深,传统依靠家庭养老的模式面临严峻挑战,城镇老年人的思想观念转变较快。而乡村老年人受文化程度和经济条件的限制,依赖家庭养老

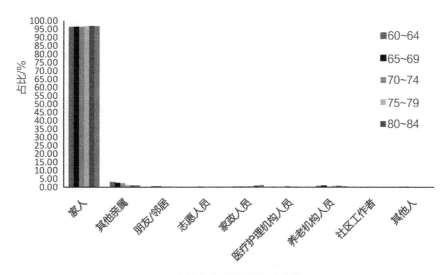

图 12　乡村老年人照料护理者情况

(资料来源:第四次中国城乡老年人生活状况抽样调查)

的传统观念则更深,对社会化养老服务的主观需求并不强烈。随着国家社会养老保险政策的广泛推进,2009 年国务院《关于开展新型农村社会养老保险试点的指导意见》(国发〔2009〕32 号)的出台对乡村老年人根深蒂固的养儿防老的传统观念产生了一定影响。2021 年国家统计局发布的《农民工监测调查报告》显示,2020 年全国农民工总量为 28 560 万人,其中,外出农民工数为 16 959 万人。2020 年受新冠肺炎疫情的影响,农民工和外出人数均少于 2019 年。2019 年农民工总量为 29 077 万人,其中,外出农民工数为 17 425 万人,而 2009 年农民工总量为 22 978 万人,外出农民工有 14 533 万人,2019 年的农民工总数和外出农民工相比2009 年分别高出 6 099 万人和 2 892 万人。在我国城镇化快速推进的过程中,乡村青壮年劳动力大规模流向城镇,乡村家庭养老服务功能逐渐弱化,家庭以外的社会主体补充家庭养老服务功能的不足在乡村也将成为一种必然选择。

伴随着中国经济快速发展而来的是工业化、城镇化、市场化程度不断加深，家庭结构小型化、工作和生活节奏加快、城市与城市之间以及乡村与城市之间的人口流动剧增，空巢家庭日益增多，乡村空心化日趋严重。无论是城镇还是乡村，家庭养老服务功能未来都将进一步弱化。家庭在担负养老责任的同时，客观上已经没有足够的能力为家庭中的老人提供及时、有效的生活照料和精神慰藉等养老服务。随着我国社会老龄化程度加深，高龄老年人及失能老年人需要的专业化医疗护理和心理健康服务，对一般家庭形成了巨大的挑战。

由于区域差异、城乡差异和年龄阶段差异，老年人对养老服务的需求呈现出多元化、多层次态势。经济水平较低及生活在贫困地区的乡村老年人的养老面临更严重的挑战。我国养老服务供给需要社会化和市场化相结合，并且在不同地区、针对不同年龄阶段的老年人提供差异化和精细化的养老服务，同时发挥家庭、社会、政府的力量，形成多层次、多元化的养老体系，才能更好地满足不同类型老年人对养老服务的不同需求。

养老市场供给特点及其变化趋势

郑育家

一、养老供给数量

上海市曾在"十一五"规划期间率先提出"9073"的养老模式,即90%的老年人由家庭自我照顾,7%享受社区居家养老服务,3%享受机构养老服务。2021年3月20日开始施行的《上海市养老服务条例》进一步明确了居家养老服务、社区养老服务和机构养老服务三种形式的含义,并提出了相应的发展举措。居家养老服务主要是通过上门、远程支持等方式,为老年人在其住所内提供的生活照料、常用临床护理等照护服务及其他支持性服务。社区养老服务主要是依托社区养老服务设施或者场所为老年人提供的日间照护、短期托养、助餐等服务以及其他支持性服务。机构养老服务是指由养老机构为入住老年人提供养老服务的模式;养老服务机构既包括营利性养老机构也包括非营利性养老机构。其他城市都有大同小异的划分,如北京的"9064"养老模式和武汉的"9055"养老模式等。

1. 全国养老机构数量

根据民政部发布的《2020年民政事业发展统计公报》,至2020年年底,全国共有各类养老机构和设施32.9万个,养老床位合计821.0万张,比上年增长了5.9%。其中,全国共有注册登记的养老机构3.8万家(见图1),比上年增长了11.6%;床位488.2万张,比上年增长了11.3%;社区养老服务机构和设施有 29.1 万个，共有床位 332.8 万张。

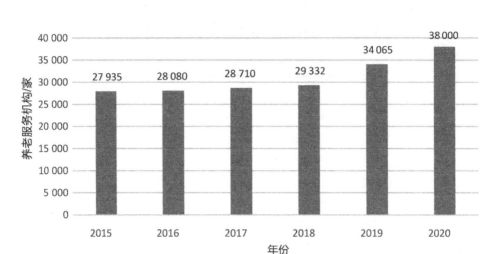

图 1　2015—2020 年全国养老服务机构数量

（资料来源：《2020 年民政事业发展统计公报》及以前各年份的统计公报）

2. 全国平均每千名老人养老床位数增长情况

2020 年全国每千名老年人拥有养老床位 31.1 张，与先进国家的每千名老年人拥有 50～70 张仍有较大的差距。事实上，自 2005 年以来，全国每千名老年人拥有的养老床位数增加很快，从不到 11 张增长到 31 张（见图 2），而"十四五"期间基本稳定在 30 张左右。这与我国的养老床位规划是相适应的，大致符合我国目前的国情。

若按照"百名老人 5 张床位"的国际标准计算，截至 2020 年年底，我国各类养老床位应该达到 1 320 万张，实际缺口达 500 万张。不过人们对这一观点存在争议。由于我国的养老观念跟国际发达国家的相比存在不少差异，例如我国居民更青睐于居家养老，因此实际的床位需求量明显低于国际标准。但未来随着老年人口数量的迅速增加，以及人们对入住养老院的观念发生变化，养老床位的需求仍将面临较大压力。

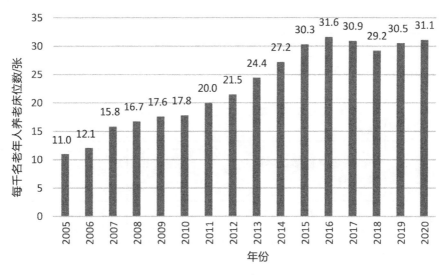

图 2　全国每千位老人养老床位数增长情况

（资料来源：根据民政部各年度民政事业发展统计公报整理）

二、养老供给的内部结构

按照项目的收费情况及所提供服务的不同，我们可以将我国目前的养老服务机构划分为高端、中端和低端三类。其特点可以从收费水平、硬件情况、服务情况、入住率和其他特点等五个维度来表征（见表1）。

表 1　我国高中低端养老机构的特点

特点	低端	中端	高端
收费水平	收费标准较低，费用一般为每月 3 000 元及以下	收费标准较高，费用一般为每月 3 000～8 000 元	收费标准高，费用一般为每月 8 000 元及以上
硬件情况	硬件、软件配套设施不甚齐全，服务人员较少	软硬件设施侧重于老年人居住的舒适性	硬件设施自动化、智能化，多数为别墅等

（续表）

特点	低端	中端	高端
服务情况	人员少,只有最基本的服务	人员较齐全,提供的服务以经济适用为主	人员齐全,提供个性化、高度人性化服务
入住率	入住率极高,多数住满	入住率高,大部分在90%以上	入住率较低,大约在30%
其他特点	公办养老院居多,数量大,规模小	部分已形成良好的口碑,品牌效应显著,一床难求	部分硬件昂贵,过分追求智能化,但利用率低
典型代表	北京寸草春晖、汇晨老年公寓等	江苏九如城、上海宝山区康泰养老院等	北京乐成恭和苑、泰康之家燕园等

资料来源:根据公开资料整理。

目前,我国养老机构的床位数供需总量基本上平衡,但结构不平衡的问题非常明显。这主要表现在两个方面:一方面,总供给结构与总需求结构的不平衡,居家和社区养老服务资源相对不足。在"9073"模式中,90%的居家养老和7%的社区养老潜在的市场空间更大,也更符合大多数老年人居住在熟悉环境中的偏好,但目前的发展相对滞后。另一方面,在机构养老模式中也存在发展不平衡的问题。部分养老机构一床难求,但大部分养老机构床位空置率在40%以上,供给总体格局呈现两头大、中间小的"哑铃形",低端的、设施简陋的救助型养老机构和高端的、设施先进的豪华型养老机构较多,而真正符合大多数中等收入老年人的需要、既能够满足基本生活看护需求又具有医养结合康复护理功能的中档养老机构占比较低,从而出现"空床率过半与一床难求并存"的现象。

以上海亲和源养老社区(简称"亲和源")为例。它创建于2005年3月,其旗舰店位于上海市浦东新区康桥镇,2017年12月被收购,成为宜华健康全资子公司。亲和源定位于高端养老机构,专门为老年人提供快乐服务、健康服务终身照料服务,是从事高端养老住区投资、开发、建设、运营及养老产业发展的社会企业。业务模式是以会员制老年社区为依托,融居家养老、社区养老和机构养老为一体,社区内配备医院、颐养院、老年大学、健康会所、功能活动室等。亲和源目前已发展会员 3 000 余名,会员收费模式分 AB 卡,A 卡一次性缴付 89 万元,无使用期限,永久使用并可继承、转让,年费为 3 万~7 万元;B 卡依据房型大小一次性缴付 45 万~88 万元,供个人终身使用,年费为 3 万元,如果未住满 15 年,可以折算到月按比例退回部分入会费用。根据该公司介绍,亲和源自 2008 年 5 月起开园运营,至 2013 年入住率超过 80%,2015 年入住率约 95%。目前亲和源开始在全国多个城市布局,拥有已开业和在建的养老社区 15 个,拥有中高端养老公寓超过 3 000 套,公司在杭州、青岛、宁波象山、嘉兴海宁、深圳等地均有已开业或即将开业的养老社区。

三、其他养老供给模式

除了上述三种基本养老模式以外,近年来我国还逐渐发展出多种混合形式,如家庭养老床位、社区嵌入式养老、养老社区(亲和源)、旅居式养老、医养结合、养老和投资结合(太保养老产业投资管理有限责任公司)等。

1. 家庭养老床位

家庭养老床位是居家养老模式下进行的创新,是居家养老和社区养老相结合产生的新模式。民政部、财政部 2016—2020 年,连续 5 年在全国开展了 5 批社区居家养老服务改革试点。江苏省南京市作为第一批试点城市于 2017 年率先开展了家庭养老床位建设探索,此后扩展到全国 203 个地区。各地通过探索创新,开展了一系列家庭养老支持工作。北京、上海、青岛、广州、苏州、杭州、西宁、成都等地纷纷探索"家庭养老床位"服务模式。无论是真金白银的"适老化改造"补贴,还是专业的上门护理服务,乃至夜间照护服务,各地探索实践亮点纷呈。

2019 年 9 月,民政部印发《关于进一步扩大养老服务供给促进养老服务消费的实施意见》(民发〔2019〕88 号),鼓励养老机构、社区养老服务机构为居家养老提供支撑,将专业服务延伸到家庭,为居家老年人提供生活照料、家务料理、精神慰藉等上门服务,进一步做实做强居家养老。该文件明确提出:"探索设立'家庭照护床位',完善相关服务、管理、技术等规范以及建设和运营政策,健全上门照护的服务标准与合同范本,让居家老年人享受连续、稳定、专业的养老服务。有条件的地方可通过购买服务等方式,开展失能老年人家庭照护者技能培训,普及居家护理知识,增强家庭照护能力。"民政部的数据表明,当达到一定规模后,投入一个家庭养老床位的费用是投入一个机构养老床位费用的 20%,如果养老机构能够参与进来,可以大幅降低床位的建设费用。

2. 社区嵌入式养老

社区嵌入式养老是在社区中嵌入养老服务功能,这种模式已经在全国各个城市中推广。例如,从 2014 年起,上海市积极开展社区嵌入式、多功能、综合性养老服务机构建设探索,并在各社区因地制宜建设"长者照护之家"和综合性的社区养老服务机构,能为老人提供就近、便利、综合的养老服务。截至 2020 年 7 月底,上海市已有 159 家"长者照护之家"。如上海市徐汇区的"邻里汇"便是嵌入式、综合性的社区养老服务机构。截至 2020 年年底,上海市徐汇区以 15 分钟社区生活圈、5 分钟家门口服务圈为辐射半径,已经累计建成了 18 家街镇"邻里汇"和 306 个居民区"邻里小汇",总面积达 5.6 万平方米,实现了居民区全覆盖,构建了区—街镇—居民区三级"邻里汇"网络。"邻里汇"嵌入日间照护、长者照护、养老顾问等为老服务功能,建成社区嵌入式养老服务体系,实现"家门口养老"。移动端"徐汇邻里汇"小程序还可以让老年人随时查看全区的养老地图,即时了解养老服务信息,掌握养老服务政策,增加养老服务的透明度,提高养老服务的知晓度。这种社区嵌入式养老满足了老年人"不离乡土、不离乡邻、不离乡音、不离乡情"的养老服务需求。

3. 旅居式养老

旅居式养老是定位于健康老年群体的高端需求,它将养老和旅游结合在一起。旅居式养老定位的人群往往需要有一定的家庭经济基础,有能力在热门的旅游地点居住和养老。旅居式养老的服务对象特征是有较强的支付能力、文化程度相对较高、健康状况良好、生活能够完全自理等。旅居式养老的一种特殊形式是"候鸟式养老",适用于"有钱有闲一族",对气候等自然环境有特殊的要求,季节性强,一般是冬无严寒、夏无酷暑、风景秀丽、日照充足的度假胜地,如三亚、昆明、青岛等地。同时,候鸟式养老地还应该具备医疗服务设施齐全、通信交通条件便利等因素。此外,与旅居式养老相近的模式还有温泉养生、森林养生等利用旅游目的地的自然环境优势开发出有益于老年人身心健康的旅游养老产品。根据上海交通大学每年冬、夏两季发布的候鸟式养老栖息地适宜度指数,全国有 100多个城市上榜。比较典型的是,云南的多个城市同时进入冬季候鸟式养老和夏季候鸟式养老栖息地榜单(见表 2 和表 3)。

表 2 2021 年中国候鸟式养老冬季栖息地适宜度指数及排名

城市	所在省区	适宜度指数	排名
海口	海南	127.21	1
琼海	海南	118.56	2
三亚	海南	117.68	3
广州	广东	114.73	4
柳州	广西	113.85	5
桂林	广西	113.50	6
儋州	海南	112.30	7
昆明	云南	111.70	8

城市	所在省区	适宜度指数	排名
三明	福建	111.61	9
南宁	广西	111.17	10
厦门	福建	108.26	11
宁德	福建	106.50	12
福州	福建	105.96	13
景洪（西双版纳州首府）	云南	105.59	14
漳州	福建	103.69	15
珠海	广东	103.66	16
凯里（黔东南州首府）	贵州	103.32	17
韶关	广东	102.93	18
普洱	云南	102.31	19
大理（大理州首府）	云南	101.85	20
兴义（黔西南州首府）	贵州	101.83	21
百色	广西	101.75	22
泉州	福建	100.75	23
莆田	福建	100.14	24
河源	广东	99.78	25
龙岩	福建	99.53	26
湛江	广东	98.55	27
惠州	广东	98.32	28
蒙自（红河州首府）	云南	98.32	29
芒市（德宏州首府）	云南	98.14	30
文昌	海南	97.26	31
梅州	广东	97.20	32
阳江	广东	97.15	33
茂名	广东	96.70	34
北海	广西	96.13	35

（续表）

城市	所在省区	适宜度指数	排名
都匀（黔南州首府）	贵州	95.71	36
梧州	广西	95.60	37
深圳	广东	94.88	38
南平	福建	94.65	39
玉溪	云南	93.24	40
玉林	广西	93.17	41
肇庆	广东	93.12	42
钦州	广西	92.60	43
贵港	广西	92.50	44
江门	广东	92.34	45
防城港	广西	91.64	46
临沧	云南	90.95	47
中山	广东	90.25	48
佛山	广东	89.43	49
崇左	广西	89.26	50
汕头	广东	88.85	51
云浮	广东	88.60	52
汕尾	广东	87.33	53
东莞	广东	84.02	54
文山（文山州首府）	云南	83.96	55

表3　2021年中国候鸟式养老夏季栖息地适宜度指数及排名

城市	所在省区	适宜度指数	排名
昆明	云南	126.73	1
贵阳	贵州	126.50	2
青岛	山东	122.99	3

（续表）

城市	所在省区	适宜度指数	排名
西宁	青海	121.95	4
大连	辽宁	121.68	5
哈尔滨	黑龙江	118.91	6
威海	山东	117.63	7
银川	宁夏	114.65	8
长春	吉林	112.61	9
庐山	江西	112.35	10
沈阳	辽宁	110.44	11
六盘水	贵州	110.44	12
遵义	贵州	109.86	13
烟台	山东	109.65	14
呼伦贝尔	内蒙古	109.56	15
秦皇岛	河北	109.09	16
曲靖	云南	108.35	17
延吉	吉林	106.89	18
普洱	云南	105.18	19
楚雄（楚雄）	云南	104.81	20
牡丹江	黑龙江	104.38	21
大理（大理）	云南	103.48	22
大兴安岭（加格达奇）	黑龙江	103.47	23
通化	吉林	103.39	24
佳木斯	黑龙江	103.11	25
保山	云南	102.74	26
鸡西	黑龙江	102.72	27
大同	山西	102.68	28
吉林	吉林	102.49	29
丹东	辽宁	102.42	30

（续表）

城市	所在省区	适宜度指数	排名
大庆	黑龙江	102.05	31
黑河	黑龙江	102.02	32
鹤岗	黑龙江	101.86	33
齐齐哈尔	黑龙江	101.66	34
黔西南州（兴义）	贵州	101.59	35
双鸭山	黑龙江	100.81	36
阿勒泰（阿勒泰）	新疆	100.77	37
鄂尔多斯	内蒙古	100.58	38
玉溪	云南	100.41	39
盘锦	辽宁	100.13	40
凉山	四川	99.46	41
鞍山	辽宁	99.01	42
呼和浩特	内蒙古	98.06	43
毕节	贵州	97.25	44
伊犁（伊宁）	新疆	96.45	45
安顺	贵州	96.36	46
丽江	云南	96.35	47
白山	吉林	95.93	48
抚顺	辽宁	94.82	49
张家口	河北	94.79	50
朝阳	辽宁	93.30	51
包头	内蒙古	93.25	52
临沧	云南	92.88	53
神农架	湖北	92.51	54
本溪	辽宁	92.40	55
阿坝州（马尔康）	四川	91.70	56
乌兰察布	内蒙古	90.12	57

（续表）

城市	所在省区	适宜度指数	排名
昭通	云南	89.72	58
辽阳	辽宁	89.61	59
葫芦岛	辽宁	89.01	60
甘孜州（康定）	四川	88.99	61
伊春	黑龙江	88.93	62
林芝	西藏	87.74	63
铁岭	辽宁	87.67	64
承德	河北	87.55	65
白城	吉林	87.50	66
营口	辽宁	87.45	67
松原	吉林	87.18	68
绥化	黑龙江	86.69	69
阜新	辽宁	86.31	70
七台河	黑龙江	86.21	71
锦州	辽宁	84.85	72
辽源	吉林	83.93	73
四平	吉林	83.34	74
阿尔山	内蒙古	79.64	75

4. 医养结合

医养结合是指养老机构和医疗机构的有机结合，主要有四种模式。

（1）基于医疗机构新增养老服务。原有医疗卫生机构，包括医院、社区医疗服务机构，结合公立医院改革，转变成康复医院或护理医院，为周围社区提供综合性、连续性养老医疗服务。

（2）基于养老机构新增医疗服务。原有养老机构增设医疗服务资质，按照医务室、护理站配置标准,凡有医生和护士者就可以申请医务室,有条件的还可以开设老年病医院、专科医院、护理医院和康复医院等专业医疗机构。

(3)养老机构与医疗机构签约合作。医疗机构与养老机构协议合作,将养老院建在社区服务中心附近,并将医疗卫生服务中心设在老年社区内,医护人员定期上门巡诊,遇到紧急情况及时处理和转诊。

(4)社区化老年家庭医生服务。依托虚拟化医疗卫生服务网络,推行社区家庭医生模式,为社区老年人提供上门服务。

根据大量调查,老年人在各类养老服务需求中,医疗始终是排在最靠前的迫切需求,因此未来医养结合的发展前景非常广阔。

5. 养老和投资结合

养老和投资结合的方式结合了养老需求和投资需求,一般由大型地产公司或者保险公司开发,是养老机构中偏中高端消费的业态。早在2010 年前后,像泰康人寿、亲和源集团等以老年人为客户群体的机构就开始布局养老地产。2013 年为养老政策元年,陆续有大批地产开发商、保险机构、医疗机构等大规模进入养老产业(见表 4)。

2018 年之后,国家进一步强化"房住不炒",楼市进入休整期,有关企业开始逐步从"跑马圈地"转向"精耕细作"的商业模式。

随着中国养老服务的快速发展以及政府的大力推动,居家养老、社区养老和机构养老三种模式互相融合将是大势所趋。

表 4 养老地产主题类型及典型企业

主体类型	企业名称	代表项目	布局简介
房地产公司	万科集团	随园嘉树	打造"嘉园—社区嵌入式长者照料中心""怡园—城市养老服务综合体(城市全托中心)"和"随园—照料中心(适老化长者公寓)"三位一体模式

（续表）

主体类型	企业名称	代表项目	布局简介
房地产公司	中国保利集团	和熹会、和悦会	2011 年推出保利地产和基金善居言老计划,并与平安投资共同成立养老产业专业管理公司
	远洋集团	椿萱茂	高端机构型养老——以失智照护为特色的远洋—椿萱茂
	绿地集团	乌镇雅园	社区型养老——和佑万家居家养老服务中心;2004 年开发运营机构型养老——绿地 21 城·孝贤坊
保险机构	泰康人寿	泰康之家	2010 年 3 月取得中国保险监督管理委员会首张养老社区资格书,布局全国老龄地产产业
	合众人寿	合众人寿健康社区	投资合众人寿健康社区,投资额高达 100 亿元人民币
	中国人寿	国寿嘉园	在河北廊坊筹建养老社区,项目总投资 1000 亿元人民币
	日本长生集团	爱丁堡国际颐养中心	具有近 30 年养老产业运作经验和成功运营模式,在青岛合资兴建符合国际标准的高端社区化养老机构爱丁堡国际颐养中心
养老服务运营商	美国城堡投资	筹建中国富裕地区的商业养老地产项目	掌管约 440 亿美元对冲基金,是美国和加拿大最大的老龄地产运营商,募资 10 亿美元,计划在中国推广国外养老住宅模式
	美国假日养老公寓集团	上海假日老年公寓	全球最大的老年公寓运作公司,开办了国内第一座中外合资示范性老年公寓——上海假日老年公寓
	亲和源集团	亲和源	2008 年在上海开始营业,拥有亲和源老年公寓、亲和护理医院等实体养老机构,配套日常生活和医疗设施
	爱馨养老集团	阳关城老年公寓	在郑州拥有爱馨医院、阳光城老年公寓、家政服务中心、爱馨快乐老家养生村、社区居家养老服务中心等大型实体养老机构,提供多元化的养老服务

（续表）

主体类型	企业名称	代表项目	布局简介
养老服务运营商	光大汇晨	光大汇晨老年公寓	北京首家实现"医养结合"的养老机构，集养老机构、老年医疗、康复护理、小区服务于一体，目前旗下直营连锁养老服务机构有6家老年公寓及1家日间管理中心，管理床位3000余张

资料来源：根据申万宏源研究发布的报告《老龄社会已至，养老准入放开行业蓄势待发》整理。

四、养老市场供给主体

养老服务机构包括营利性养老机构和非营利性养老机构。非营利性养老机构主要是由政府公益性组织发起成立，是为保障城市"三无"（无劳动力、无生活来源、无法定抚养义务人或者法定抚养义务人丧失劳动能力而无力扶养的公民）、农村"五保"（保吃、保穿、保医、保住、保葬）、高龄、独居、空巢、失能和低收入老年人的养老需求。对于这部分养老需求，政府通过多种形式进行，除了自办非营利性养老机构外，还包括采取政府购买第三方养老机构服务等。

由资本推动发起成立的养老机构一般为营利性养老机构。营利性养老机构通常收费较高，主要服务高净值客群。根据调查，商业养老机构入住率长期偏低的主要原因在于其服务质量和服务价格不能很好匹配。服务质量低、管理和服务不规范等问题一直没有得到很好地解决。床位的设计、养老院的硬件和软件设施难以满足养老需求，一些华而不实的设备提高了养老机构的成本，但没有提高老年人的满意度。这是造成商业养老院床位近50%空置率的主要原因。相对而言，占人口绝大多数的中等收入老年人群体的需求被市场忽略，他们既不符合入住公办养老院的条件，又支付不起高昂的商业养老院费用。

经济发达地区的民营养老院比例超过半数,偏远地区以国有和公办民营养老院为主。养老机构一般分为公办公营养老院、公办民营养老院和民办养老院三类。从全国的比例来看,50%～60%的养老机构为公办养老,40%～49%的为民营养老,但在苏浙沪及其他经济较发达地区,民办养老机构的比例超过 60%。根据安信证券的研究报告,2014—2018 我国民办养老机构数量增加迅速,尤其是 2015—2017 年是增幅最大的三年(见图 3)。

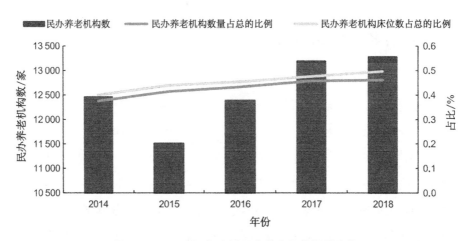

图 3　2014—2018 年全国民办养老机构数量变化

(资料来源:根据安信证券发布的报告《老龄蓝海市场潜力凸显,朗高养老等企业如何抢占先机?》整理)

五、养老市场供给未来发展趋势前瞻

1. 养老服务供给数量进一步增加,结构逐渐优化

首先,中共中央、国务院印发的《国家积极应对人口老龄化中长期规划》提出了"健全以居家为基础、社区为依托、机构充分发展、医养有机结合的多层次养老服务体系"。基于该规划的落实,养老服务行业将获得更

宽的市场准入,"养老机构设立许可""社会福利机构设置许可"等将逐步放开,非政府主导性的养老服务进入门槛将进一步降低。这必然会激发市场活力,快速加强各类养老服务产品和服务的供给,以适应未来养老人群日趋增长的美好养老生活需求。从市场规模来看,到 2030 年全国养老服务市场规模有望超过 20 万亿元人民币,2030—2050 年仍会有进一步的产业升级换代和市场规模的增加。

其次,外资养老服务主体的加入,将会增加养老服务供给的活力。根据 2021 年 2 月 AgeLifePro 发布的《外资企业进军中国养老服务市场商战报告》白皮书,自 20 世纪 90 年代末期以来,外资养老企业经历了1998—2006 年的试水期、2007—2009 年的观望期、2010—2012 年的初步发展期和 2013—2020 年的快速发展期。[①] 外资养老企业经过试水期的折戟沉沙,走到今天已经寻找到了无限商机。西方发达国家最早进入老龄社会,对养老产业和养老服务的供给具有成熟且先进的管理经验、盈利模式和强大的供给能力。据不完全统计,1998 年以来国家已经批准了 40多家外资养老企业在华投资,它们广泛分布在 17 个省、直辖市。如北京有美国企业 3 家、日本企业 4 家、法国和澳大利亚企业各 2 家、英国企业1 家,天津有日本企业 2 家、法国企业 1 家,上海有美国和日本企业各4 家、荷兰和新加坡企业各 1 家、澳大利亚企业 3 家、法国企业 2 家。自然,若干外资养老企业的进入,将明显改善我国养老产品和服务的供给能力、供给结构与供给质量。

再次,金融保险企业的进入也将增加养老服务的供给能力。一方面,我国各大银行纷纷出台支持"银发浪潮"行动计划,如中国银行提出通过加强信用支持拓宽融资渠道、丰富养老金融产品、提高养老金融产品体验、加强组织保障等推进中国银行支持养老服务的供给。另一方面,各大

---

① 魏圆源.白皮书:外资企业进军中国养老服务市场商战报告[EB/OL].(2021 - 02 - 03)[2021 - 08 - 28]. https://www.sohu.com/a/448371024_120868906.

保险公司也纷纷加入开发养老服务产业的洪流中,如泰康之家、合众人寿、中国人寿、太平洋保险等(见表5)。因此,随着金融资本的不断加入,养老产业的供给能力和质量必将大幅度提高。

表5 进入养老行业的保险公司

年份	保险公司
2010	泰康之家、合众人寿
2012	平安保险、太平人寿、新华保险、同方全球人寿
2014	太平洋保险、前海人寿、幸福人寿
2015	中国人寿、阳光保险、人保寿险招商仁和人寿
2016	恒大人寿、光大永明人寿
2018	爱心人寿
2019	大家保险、复星保德信、中华保险、国华人寿

资料来源:吴诗雪.中国保险企业布局养老产业发展报告[EB/OL].(2021-01-27)[2021-08-28].https://www.the paper.cn/news Detail_forward-10962750.

最后,养老保险制度的不断改革将会推动养老服务的加速供给。目前个人商业养老金发展刚刚起步,占养老保险总量的比重微乎其微。因此,中国养老金主要包括国家基本养老保险、企业年金和职业年金。其中,国家基本养老保险的责任主体为政府,企业年金和职业年金的责任主体则分别为企业和员工。2018年这两部分的存量资产分别为4.4万亿元和1.6万亿元。美国的养老金增长很快且稳定。如2010年美国养老金总量为15.27万亿美元,2018年增长到24.71万亿美元,年均增长6.20%。[①] 迄今,虽然中国养老资金总量还不够大,但随着时间的推移,养老保险会快速增长,这为养老服务和养老产品的增长供给提供了日益坚

---

① 2018年中国与美国养老保险发展现状及未来发展趋势分析(图)[EB/OL].(2019-08-05)[2021-08-28].https://www.chyxx.com/industry/201908/768636.html.

实的消费基础。

2. 技术赋能将促使养老产品养老供给不断升级换代

养老服务业属于典型的劳动密集型和人工密集型行业部门。其日趋增长的高成本和低劳动效率成为养老服务业快速发展的严重阻碍因素。而依靠技术赋能提高养老服务业的智能水平,有效提高养老服务业供给效率,是未来促进养老服务业健康发展的重要途径。2017 年,工业和信息化部、民政部、国家卫生计生委出台的《智慧健康养老产业发展行动计划(2017—2020 年)》(工信部联电子〔2017〕25 号)成为大规模开启发展智能养老产业的基础性政策文件。为了落实这一政策,2017—2019 年,国家分别在企业、乡镇、街道等不同层面进行了示范推动,现已建成智慧养老示范基地 52 个,智慧健康养老示范乡镇、街道 225 个,认证养老示范企业 117 家。这些基地、企业和街道广泛分布在上海、浙江、湖南等 20 多个省市,体现了区域特色、产业联动和数据信息共享。其成功经验正在不断向全国其他地区快速推广。

2021 年 9 月,国家发展改革委办公厅《关于推介运用智能技术服务老年人示范案例的通知》(发改办社会〔2021〕743 号)公布了从各省(自治区、直辖市)推荐的 89 个案例中评选出的 14 个地方案例作为第一批运用智能技术服务老年人示范案例(见表 6)。

表 6　全国第一批运用智能技术服务老年人示范案例名单

序号	省(自治区/直辖市)	示范案例	示范内容
1	北京市	北京"健康宝"AI 应用赋能老年人便利化出行试点	老年人在"北京健康宝"上注册后,即可使用养老助残卡、身份证等进出各类公共场所,1 秒钟左右可以检查完健康状态

（续表）

序号	省（自治区/直辖市）	示范案例	示范内容
2	上海市	"数字伙伴计划"助力上海老年人跨越"数字鸿沟"，共建人民城市	由政府部门联合企业、市民、社会组织共同发起了解决"数字鸿沟"问题的"上海方案"——"数字伙伴计划"
3	江苏省	"小江家护"为高龄空巢独居老人安全保驾护航	创建"小江家护"居家上门服务品牌，采取"基础服务＋个人定制服务"相结合的方式，为居家老年人提供专业上门服务
4	天津市	科技赋能　智慧适老——天津市打造银发智能服务平台和智慧康养社区	打造 AI 银发智能服务平台，提供智能化的居家养老健康服务，为老年人提供跨越医学、营养、运动、心理、社交等多学科融合的健康养老方案
5	广东省	广东省实现两大全国首创　助力老年人跨越"数字鸿沟"	一证通行，刷身份证进行出入登记和核验健康码的服务功能
6	山西省	"398 贴心保"实时智联　"六助"服务送进家门——"大同助老"蹚出智慧居家养老新路	建设智慧居家和社区养老服务中心，推动助救、助购、助餐、助医、助洁、助行进老年人家门，为老年人搭建线上、线下无缝对接的服务圈
7	山东省	山东省济南市历下区民政局"亲情 E 联"智慧养老平台运用智能技术助推养老服务创新示范工作报告	以智慧平台为支撑，社区为依托，整合公益组织和社会资源，向老年人提供 7×24 小时"居家安全监护""居家服务质量监管""健康档案管理""为老志愿服务""智能助餐系统模块"等
8	内蒙古自治区	巴彦淖尔市临河区车站街道金穗社区居家养老服务中心	搭建智慧养老信息平台，整合社会服务资源，依托智能技术推动专业化服务进社区、家庭

（续表）

序号	省（自治区/直辖市）	示范案例	示范内容
9	四川省	推动信息赋能 助力智慧养老——成都市武侯区"颐居通"社区居家养老服务典型案例	以"颐居通"社区居家养老服务综合信息平台为支撑,以智能终端和热线电话为纽带,链接多方资源,实现了居家老年人在家门口享受多层次、个性化的"一站式"健康养老服务
10	浙江省	杭州市富阳区"空巢老人安全守护平台"高效守护"空巢"老人安全	针对"空巢"老人安防难题,积极探索智慧化居家养老安全防护措施,在全国率先综合运用热感、分布式等技术,自主研发"空巢老人安全守护平台",形成系统性数字化解决方案
11	江西省	江西:线上整合＋线下分解,双轨并行架起数智助老之桥	着力解决老年人七大场景应用智能技术困难问题,线上、线下双轨并行解决老年人数字难题
12	黑龙江省	以重点突破带动整体推进 服务老年人加快融入智能时代	多措并举,聚焦老年人日常生活中的高频事项和服务场景,积极推动技术创新,使智能化管理适应老年人,确保老年人更好地融入智能时代
13	重庆市	文化滋养,让老年人融入智慧生活——重庆市巴南区图书馆着力打造老年人数字阅读品牌	利用图书馆开展老年人运用智能技术服务工作,挖掘文化资源、个性化课程设计,帮助老年人积极融入"智慧生活"
14	湖南省	智慧居家医疗康复护理服务	打造智慧医养全流程服务体系,消除老年人就医"数字鸿沟"

资料来源:中华人民共和国国家发展和改革委员会.关于推介运用智能技术服务老年人示范案例的通知[R/OL].(2021－09－28)[2021－10－28].https://www.ndrc.gov.cn/xwdt/tzgg/202109/t20210928_1297898.html? code＝&state＝123.

2019 年,我国智慧健康养老产业规模约 3.2 万亿元。近三年复合增长率超过 18%，按照当时的预估，2020 年养老产业总规模将突破 4 万亿元。[①]

从技术保障来看，养老服务业通过 AI 技术、5G 技术、大数据技术、互联网与物联网等技术的赋能，减少了时间和空间的限制，大大降低了劳动成本，节约若干养老服务资源，养老服务品类、数量明显增加，养老服务质量不断提高。[②]

从市场表现来看，技术赋能后，养老行业日趋智能化，智能养老产品和服务日趋多样化。如可穿戴、便携式养老检测设备，远程监护与照护、远程诊疗服务、慢性病管理、健康咨询、智慧导诊、快速诊断、紧急救助、亲情关怀等各类养老服务不断增多。人性化、定制化的聊天与陪护服务，老年游戏、老年娱乐、老年学习辅助等各类养老产品和服务日趋增加，并不断升级换代。

从组织平台来看，目前的技术支持可以促使专门的家庭养老服务平台、社区养老服务平台、城市养老服务平台、其他各类专业养老服务平台、大区养老服务平台、全国养老服务平台不断发展，日趋形成不同层级的养老平台相辅相成、互动发展的局面。

从养老模式来看，智慧赋能后，传统的居家养老、机构养老、社区日间照料等多种传统养老模式正在向着"系统＋服务＋老人＋终端"的智慧健康养老服务模式转变，由以往的阶段性养老服务逐步发展为全程养老服务，其中的临终关怀服务日趋受到重视。

从服务层次结构来看，养老服务供给由过去以不同等级的政府养老院为核心，逐步向"政府机构兜底养老＋市场化的保障型和中高档养老服务"和谐发展的多维结构转变。随着养老市场的不断扩张和一体化发展，

① 2020 智慧养老产业呈现大势！规模将突破 4 万亿元让养老服务更便捷[EB/OL].(2020 - 10 - 16)[2021 - 10 - 28].https://www.sohu.com/a/425002538_120101989.

② 赵燕，温晓君，石岩，等.2020 年我国智慧养老产业规模将突破 4 万亿元[EB/OL].(2020 - 10 - 17)[2021 - 10 - 28].http://www.cinic.org.cn/xw/cjfx/944358.html? from＝singlemessage.

人均收入的不断提高及人均养老金的额度增加,养老人群对养老服务的可选择性增加。养老产品和服务内容从既往以基本的衣、食、住、行为核心逐步转变为以安全、健康、娱乐为重点。

3. 养老产业生态迅速发育促进养老服务供给的可持续性和循环性

人类社会发展到今天已经进入了第四次产业革命浪潮时期。产业发展的思路与重点正在转移:从以往的以产品为中心、以要素为中心,逐步变为以生态为中心。所谓"产业生态"是指基于产业经济规律,产业要素互相依赖、共生共荣的动态产业空间系统。它表现出整体性、竞合性、开放性与丰富性的特征。

综合性主要表现为产业要素和有关利益主体的联盟一致性特征。竞合性表现为产业有关利益主体间的竞争与合作并行,互生共荣。这既可以做大"蛋糕"又可以提高效率,还能分享"增大了的蛋糕"。开放性主要体现在产业生态系统不断吸收外部有利因素,排除内部不利因素,促使系统增加活力和升级。多样性系指产业细分部门的专业化分工日趋加强,细分部门多样。产业生态以生态链群作为产业组织的最新形态,其内部表现为依靠创新增值,减少了对人员的控制,依靠自我组织、人机感知、共融感知、完全合约和无限合约来维系综合生态的运行与发展。

随着云计算、区块链、互联网与物联网等有关数字技术不断向养老产业融合、赋能,养老企业可以通过将技术与管理相结合来实现技术创新和管理创新并行互动。养老产业日趋发展成为簇群涌现、和谐互动的生态体系。养老产业生态可以通过先进技术和管理创新形成柔性化、个性化、多样化与规模化相结合的养老服务供给模式。这种模式可以通过多场景的应用和体验,达到养老服务不断增值、养老成本不断降低,从而创造更多养老供给的净增值和有效分享增值收益的多赢局面。这一局面具有可循环、可持续的自加强机制:养老供给增加—净增值增加—获取更多技术赋能—更好的供给能力—更多净增值增加。

养老行业发展面临的问题

张国安　杨雨同　鲁文文　陶斯劼　燕则铭　奚俊芳

一、我国的养老资源会不会出现"僧多粥少"的情况？

近年来,养老资源问题逐渐成为社会和政府关注的焦点。作为人口大国,中国所面临的养老资源矛盾相较于其他国家更为突出;加之我国仍属发展中国家,与美、日、韩以及欧洲等发达的老龄化国家情况又有不同,"未富先老"的压力更为严峻。于是,不止老年人,就连那些尚在工作状态的准老年人也开始担忧起自己未来的老年生活。那么,随着人口老龄化的加剧,我国应对养老的资源是否会出现"僧多粥少"的情况,就成了一个社会性与现实性兼具的重要话题。

本部分我们将从养老产业的需求、供给和两者关系的演绎变化来探讨这一问题,并结合现状及未来趋势,预判应对"僧多粥少"状况的政策取向。

1. 需求方面,老龄化浪潮来袭,社会对养老资源的需求将迅速增加

根据第七次全国人口普查的数据,全国 65 岁及以上人口占比达13.5%,老年人口抚养比已升至 19.7%,少子化、空巢化现象进一步加剧了养老服务的需求。据 2017 年 2 月国务院印发的《"十三五"国家老龄事业发展和养老体系建设规划》(国发〔2017〕13 号)估计,到 2020 年我国独居和空巢老年人大约在 1.2 亿人,且老年人口中约有 12.0%处于失能状

态,约有 25.0% 的老年人需要全方位照护。这将造成养老资源需求压力陡增。

2000 年以来,中国老龄人口占比几乎翻番,且即将迎来老龄化的高峰期。民政部预测"十四五"期间,中国老年人口将突破 3 亿,中国将从轻度老龄化迈入中度老龄化;再过 5~10 年,第一代独生子女父母将进入中高龄,养老照护需求将迎来第一次高潮。

2. 供给方面,总量与结构问题已开始显现,未来需要从速增加供应

(1)床位供给缺口较大,与发达国家差距明显。

国内养老服务供给存在明显短缺。2020 年,全国养老机构床位约有 453.1 万张,社区养老床位约有 341.8 万张,但后者并未完全处于运行状态。即使按这两个数字之和计算,每千名老年人也仅拥有养老床位 30.5 张,距离 2013 年 9 月国务院《关于加快发展养老服务业的若干意见》(国发〔2013〕35 号)所提出的每千名老人拥有 35~40 张的目标尚有一定差距,且距离发达国家每千人养老床位数 50~70 张相去甚远,总体供应量上还有很大的提升空间。联合国《世界人口展望 2019》预测,到 2060 年中国 65 岁以上老年人口规模将达到近 4 亿人的峰值,届时全国养老床位缺口约在 200 万~400 万张。

(2)政策加持,资本进场,供给侧迎来暴发期。

政策风向改变,养老机构数量先少后多。2013 年 6 月,民政部《养老机构设立许可办法》(民政部令第 48 号)出台,国内养老机构数量从 2012 年顶峰时期的 4.4 万家降至 2015 年的 2.8 万家。2018 年 12 月,养老机构设立许可被取消,国家放宽准入,加强后续监管,养老机构以 14.5% 的复合年平均增长率增长。

社区养老机构、床位高速增长,保险系新军入场加速发展。"十三五"期间,政府投入 50 亿元中央财政资金,开展全国居家和社区养老服务改革试点工作。民政部统计,截至 2020 年 8 月,全国社区养老服务机构和设施已超过 18 万个,占我国养老机构和设施总数的 83.6%。此外,保险系资金正在加速其在社区养老方面的布局速度。截至 2020 年,保险机构在全国已参与超过 50 个养老社区项目的投资,已投入运营的床位数共85 000个。

"家庭养老床位"快速发展,或将逐步解决床位紧缺难题。以江苏省南京市的试点为例,该市在两年内新增了 6 000 张家庭养老床位,相当于建设了 50 个中等规模的养老院。南京市在试点后总结,在家庭养老床位建设达到一定规模后,其床位的费用投入是原先机构养老床位费用投入的20%。这条途径未来似乎可以在一定程度上帮助高地价地区快速解决床位紧缺问题,但实际运营的高成本目前还不太容易解决。

3. 供需关系方面,不同区域存在结构性错配矛盾,影响养老资源的利用效率

从供需关系看,养老产业资源错配情况比较严重。在 2019 年中国大健康大文旅高峰发展论坛上,业内人士指出,我国老年人愿意入住养老机构的比例约为 10%,远高于全球 5% 的水平。但民政部 2020 年第三季度新闻发布会则透露,全国养老机构收住老人 214.6 万人,平均入住率约为50%。而根据我们的调查,全国不少地方养老机构的实际入住率只有20%~30%。

北京大学人口学家乔晓春的研究数据表明,北京市近 20% 的养老机构的入住率不到 20%,50% 的养老机构的入住率不到 50%,真正"一床难求"、入住率达 100% 的养老机构只有 49 家,占比为 10%。

光大证券在其养老报告中则提供了另一案例,指出国内某公立养老院全院只有 1 100 张床位,排队登记入住的老人却超过万人,每年只能轮候入住几十人,入住通常要等好几年。

社区养老方面同样呈现出明显的两极分化。《财经》记者透露,泰康保险旗下的两处社区养老机构入住率均已超过 90%,但其他社区养老机

构的入住率则要低得多;而某保险公司(不愿透露名称)旗下社区开业时提供的 4 000 张床位,9 个月后仅入住 100 余人,入住率约为不足 3%。

此外,考虑到即将到来的老龄化高峰人群,我国首批中产阶层老年人的占比会明显提升,未来中端养老机构的需求或将持续增长,与现有供给结构差异将继续扩大。

资源错配是目前我国养老服务面临的最严峻问题之一。机构与床位的增长无法有效转化为实际服务进而去缓解中产阶层的养老需求。在入住率无法提升的情况下,即使养老需求与供给维持同等增幅,养老服务的缺口仍将被进一步拉开。

4. 根治"僧多粥少",尚需政策、机制、技术齐发力,达到均衡、精准供给

为应对"僧多粥少"情况的出现,政府还需要在多个方面做出努力:

第一,通过设施建设规划与"放管服"政策,区域上确保养老床位合理分布,加大社区配套养老设施建设,并加大建成后的管理力度,以缓解资源利用率低的问题。

第二,倡导"9064/9073"模式的同时,在社区与居家养老方面发力。未来如果能够不断强化社区养老服务功能,养老模式就可能演化为"80/18/2"甚至"80/19/1"。

第三,通过细化养老机构评级补贴制度,建立健全市场机制。

第四,加大公建民营模式下的产品与服务供给,应对中产阶层旺盛的养老需求。

第五,推广智慧养老、共享养老,提高养老资源利用率。

第六,引导社会力量继续加大养老产业投入,共同打造养老服务体系。

此外,还有很重要的一点:政府在养老资源布局上,既要立足当前,又要着眼于未来;既要加大政策力度,又要重视科学手段,做到精准测算需求总量,精细划分需求层次,精心布局养老设施,精确提供养老服务,以达到均衡供给、精准供给。

二、养老靠自己还是靠政府？

养老靠谁？估计上了年纪的人都曾或多或少地思考过这个问题。"靠谁"在这里有两种理解：一是养老的经济来源靠谁，谁出钱、谁负担；二是养老生活规划靠谁，要用什么方式、在什么地方、在什么时间、以什么价格、能够过上何等质量的养老生活，以上决策由谁来做出等。可见，问题背后隐含了一个问题：养老谁出钱很重要，但是养老还不只是钱的问题，有钱并非万事大吉，合理的规划和理性的选择同样至关重要。

"靠谁"的问题，简单化理解可以有三个选项：政府、成年子女或其他家庭成员，以及老年人自己。根据 2012 年美国智库战略与国际研究中心（CSIS）对东亚地区退休养老前景的调查：选择"政府"的比例，中国内地最高，为 63%，其余参与问卷调查的国家和地区均低于 40%；选择"成年子女或其他家庭成员"的比例，中国内地最低，仅为 4%；选择养老靠"自己"的比例，中国内地最低，为 9%，新加坡、韩国、中国香港等国家和地区的比例均高于 40%。

我国有 63% 的被调查对象选择了靠"政府"，这是对我国政府莫大的信任和期望，也是对政府多年来致力于推动养老事业发展的肯定。我国政府很早以前就将"老有所养、老有所医、老有所为、老有所学、老有所乐"列为养老事业发展的最高目标。一直以来，政府不仅颁布政策引领养老产业发展，而且努力落实政策，确保人人能够享有基本养老服务：一是建立了基本养老金制度，为广大退休人员提供了基本保障，尽管养老金面临资金缺口压力，但是政府一直在兑现着承诺，坚持 17 年连涨，使得退休人员生活水平始终跑赢通胀水平；二是在全国范围内基本上建成针对经济困难的高龄、失能老年人的补贴制度；三是承办了一系列公办养老院，着力"保基本、兜底线",为城市"三无"、农村"五保"、失能和经济困难的特殊老年群体安度晚年提供了基本保障。基本养老靠政府,实至名归。

但是,由于制度设计、人口结构变化等原因,我国基本养老资金目前面临着支付方面的很大压力,未来一定会出现缺口。根据中国社科院世界社保研究中心发布的《中国养老金精算报告 2019—2050》,我国城镇职工基本养老保险基金的累计结余将于 2027 年达到峰值并在 2035 年耗尽;而且我国城镇企业职工基本养老保险的替代率将从目前的 42% 下降到 2050 年的 25% 左右,这距离国际公认的代表退休前后生活水平较为一致的 70% 还有 45% 的空间需要填补。这意味着如果只靠基本养老金,那么老年人的退休生活水平将会明显下降,憧憬中的安享个人养老将面临着巨大挑战。

此外,"养儿防老"是中国老百姓根深蒂固的观念,尤其是在农村。但在被调查对象中,选择"成年子女或其他家庭成员"的,中国内地最低,仅为 4%,这说明现实已经击破了传统,"养儿防老"已经"靠不住"或者说"靠不了"。姑且不论子女在国外的老人,即使子女在国内的老人,40～50 岁"上有老、下有小"正当盛年的中年夫妻,在赡养父母面前也有心无力。一方面是工作压力"山大",忙得连接送孩子上下课的时间都没有;另一方面,生活压力也不小,房价居高不下,房贷加上车贷、孩子学费、各种辅导班、兴趣班,一切都要钱来铺垫。看着摆在眼前的现实,现在很多心疼孩子的老年人普遍发出了感慨:只要他们过得好,我们不拖累他们就好。

既然不能完全靠政府,靠"成年子女或其他家庭成员"也不现实,那么所剩的选择也就是自己了。这正应了一句老话,"靠山山会倒,靠人人会跑,靠谁都不如靠自己"。这句话放到个人养老上同样适用。但美国智库调查结果显示,中国内地选择"靠自己"的比例仅为 9%,这说明面对"靠自己"这个"有气无力"的选择,或者我国老百姓在观念上认为养老压根儿是政府或子女的事,跟自己无关,要不然就是不太自信,老观念的转变还没有准备好。不管原因是什么,对老年人来说,在"靠谁"这个问题上错误的认知或将导致自己在现实面前吃亏。

最后，当然的选择是"养老靠自己"。这意味着什么呢？我们认为：

第一，用积极的养老态度武装自己。退休生活并不等于"混吃等死"。现在不管是西方发达国家还是我国国内都在推崇积极养老。积极养老，用唐代诗人王勃的诗句来说，就是"老当益壮，宁移白首之心"。美国密歇根大学心理学教授埃里克的研究表明，有目标感的老人，生存意识更加明显，健康管理更加有序。生活中有很强目标的老人，患大面积脑梗死的可能性降低 44%。既然如此，有什么理由不为自己人生的最后一个阶段赋予更多的积极色彩——尽量使自己的晚年生活过得愉快、充实、有意义，做到老有所学、老有所为、老有所乐，活出自身的价值。

第二，处理好家庭关系也要大智慧。从某种程度上说，退休就是回归了家庭。作为开始有了大把时间、身体尚健康的长辈，家庭角色的担当也正当时。第三代出生或正处于学龄阶段了，要不要搭一把手？孩子买房要不要资助？要不要跟孩子住在一起或住得近一点儿？要不要更多地分担一些家务？这些事务处理得好了，不仅可以得天伦之乐，而且可以促进家庭和谐；处理得不好，小到影响亲情，大到影响养老生活。如何游刃有余地统筹好个人养老与家庭关系，需要自己智慧地把握。

第三，理智而超脱地规划养老生活。余下三分之一的人生如何规划选择全在于自己。老年人退休后完全可以结合自己的经济能力、兴趣意愿，分阶段规划养老目标和计划安排。比如 60～75 岁如何养生锻炼、结伴旅游、积极享受生活，76～90 岁又如何，等等。条件允许的话，老年人可以去选择更自由、高品质、享受型、个性化的养老生活，让人生了无遗憾。

第四，及早谋划，提高养老支付能力。年轻时的现实以及潜在支付能力决定了养老生活的质量和高度。支付能力强，意味着选择余地也更大。因此，尽早谋划，不断努力提升自身的价值，开源节流，不断增强自己的经济实力是未来养老的根本保障。此外，随着第三支柱的产品形态越来丰富,老年人要主动开展第三支柱的投资布局,选出适合自己的投资产品,越早规划越好。这意味着老年人退休后可以为更自由、高品质、享受型、个性化的养老生活提供更有力的保障。

三、社区养老为何难以惠及老百姓?

居家养老符合我国的文化传统。根据 2018 年上海为老服务需求调查,74%的老年人希望居家养老。面对越来越严重的人口老龄化趋势,我国养老事业发展的事实证明,机构养老只能作为补充,要真正解决我国数以亿计的老年人的养老问题,还得靠居家养老。居家社区养老是指社区为居住在家中的老年人提供生活照料、家政、康复护理、精神慰藉等养老服务。这些为老服务的提供者既可以是政府,也可以是社会组织,因此它是对传统家庭养老模式的补充与更新。现存的居家养老服务有三种形式,即居家上门服务、社区日托服务和社区全托服务。

目前行业内还少有在居家社区养老方面的成功模式。而从见诸媒体公开的资料看,老年人及其家属对居家社区养老的服务有许多负面评价。老年人主观上期望居家养老,政府也高度重视居家养老,将其定位为"居家为基础,社区为依托",但结果却是不尽如人意,老年人难以安享家门口的养老服务,原因何在值得探究。

1. 居家服务覆盖率不足,政策支持力度仍然有限

以上海市为例,自 2000 年起探索居家养老服务,到 2018 年年底,上海市共建成单一型的长者照护之家 155 家、综合型的社区综合为老服务中心 180 家。另外,全市还有社区老年人日间照料机构 641 家,社区老年人助餐服务点 815 家。上海居家社区养老服务支持体系初具规模,组建了一支 3 万余人的职业化护理员队伍,推出了涵盖生活护理、助餐、助浴、

助洁、洗涤、助行、代办、康复辅助、陪聊、助医等"十助"的居家养老服务项目，覆盖 30 多万老年人。但在总量上，目前上海的社区养老服务供给远远满足不了老年人对养老服务的需求，能享受居家养老服务补贴的老年人不足 2.7%（见表 1）。

表 1　上海社区养老服务情况表

主要指标	2017 年	2016 年
60 岁以上老人/万人	483.6	457.8
居家养老获得政府补贴的老年人/万人	12.7	12.0
长者照护之家/个	127	73
长者照护之家床位（个）	3430	2184
社区综合为老服务中心家数/个	100	32
老年人日间照护机构家数/个	560	488
老年人日间照护机构月均服务人数/万人	2.3	2.03
社区老年人助餐服务点/个	707	633
社区老年人助餐服务点月均服务人数/万人	8.1	7.6

"十三五"以前，政府重视机构养老，把大量人力、物力、财力用于建设养老机构；"十三五"期间，政府开始重视居家养老，但尚未从轻居家转变到打牢居家养老的基础地位、健全和完善居家养老服务支持体系上来，政府在全国各地开展了一系列试点，但仍然处于试点推广和经验总结阶段，系统性的配套支持政策尚未出台。

2. 居家供给服务不到位，多样化、个性化需求难满足

老人居家养老服务的需求呈现出多样化、个性化特点。上海的调研发现，居家养老服务内容包括基本生活照料需求、身心健康呵护和医疗护理（见表 2）。

表2　上海居家社区养老服务内容需求　　　　　　　　　　单位:%

类型	服务事项							比例
基本生活照料	环境卫生(整理床、清扫房间)							75.47
	个人卫生(沐浴、指甲和趾甲护理、口腔清洁等)							73.18
	饮食照料(协助进食/水)							40.96
	移动安全保护(协助床上移动、借助器具移动、安全护理)							28.27
身心健康呵护	精神慰藉(聊天、读书、读报)							64.66
	文体娱乐(唱歌、跳舞、书画、健身)							52.18
	咨询服务(法律、医疗、养老政策咨询)							62.58
医疗护理	物理降温	药物喂服	鼻饲	吸氧	肌肉注射	灌肠	排泄护理	导尿
	30.77	32.43	13.10	20.17	40.54	17.88	31.60	21.41
	压疮预防与护理	血糖监测	血标本采集	PICC导管护理	皮下、皮内注射	造口护理	生命体征监测	
	23.49	39.50	23.70	14.35	38.25	17.88	41.16	

资料来源:陶翌.上海市居家社区养老供需问题研究[D].上海:上海师范大学,2018.

但目前我国居家养老服务供给与需求并不匹配。这主要是因为目前居家和养老服务是按照设定的清单来购买的,服务内容和频次是以"契约"形式事先约定的,与老人实际的需求很难一致。2018年出版的"北京养老产业蓝皮书"系列中的《北京居家养老发展报告(2018)》显示,对精神生活的需求排在老年人需求的第二位。然而,目前北京的居家养老服务以家政、送餐等服务为主。换句话说,社区养老多以满足老年人基本日常生活照料的服务为主。形式和内容单一,难以满足老年人的精神生活、健康呵护等需求,尤其是助急、家庭医生、护理照料等。

以上海为例,社区提供的服务多以生活照料为主,医疗保健方面多涉及陪同就医、代为购药,老人的康复需求不能得到满足,对于提供护理服务的家庭病床,政府的供给与老年人的需求显然不匹配。同时,由于老年人餐饮标准较低,中心城区已难以找到可以市场化运作的合适的餐饮供应商和场地,整体上存在服务不到位、服务不及时等问题。

3. 运营成本高,盈利模式不清晰,社会力量参与积极性不高

居家社区养老较机构养老减少了设施建设成本、床位成本,具有显著优势。但是居家社区养老服务属于流动型服务,具有分散性和不确定性,运营成本很高,尤其是人力成本很高。逐年上涨的人力成本给微利运营的企业和社会组织造成很大压力,不少涉老企业或社会组织因无力承担过高的人力成本,要么惨淡经营,要么无奈退出。

居家养老在场所、设备、服务人员补贴方面都需要大量的资金投入,而目前居家社区养老服务经费来源主要以政府财政拨款和公益福利彩票基金为主,资金筹措渠道单一,单靠政府的财政投入可持续性较差,不能为今后的快速发展提供足够动力。市场化资金投入难以转化成有效的经营机制,制约了社会资本的进入。

在居家社区养老服务中,另一项收入来源是服务收费。目前一些低价或者无偿的服务往往受到普遍欢迎,而一些收费项目或者个性化、高层次的服务往往无人问津。优质优价的服务收费难以被普遍接受,一方面是因为老年人收入来源多为养老金、个人早期储蓄、个人当前劳动收入及子女赡养费,收入平均水平普遍不高,支付能力有限;另一方面,受传统观念影响,老年人的支付意愿也不足。

服务成本较高、没有足够的利润空间、盈利模式不清晰、社会力量参与居家养老服务的积极性不高,这些都是居家社区养老面临的难题。居家养老服务要可持续发展,必须走出一条老人付得起、机构和企业能获得赢利的路子。

4. 衔接需方与供方,发挥资源效率,提供精准服务仍是极大的挑战

不同于集中服务的机构养老,居家社区养老需求方高度分散,且需求碎片化、多样化,需求频次不稳定。因此,即便在设施、机构、队伍、志愿者等供给资源充分具备的情况下,也未必能很好地满足老年人的需求,也就

是难以很好地将需求方与供给方、老人与资源更好地融合起来,解决好资源的效率全面发挥以及不同主体之间有效协作的问题。

为解决以上问题,需要居家社区养老不能因循守旧,要大胆创新,积极引入"互联网+"元素,推动"互联网+"技术与居家社区养老结合,创新发展高效专业的居家社区养老服务:充分整合社区原有的照护、床位、志愿服务等资源,搭建一体化居家社区养老服务平台及网络,充分利用技术力量,整合和打通养老机构、日托和家庭养老资源,改善居家社区养老服务供给的不平衡与不充分,为服务对象提供专业、及时、便捷的服务;创新完善科技助老技术平台,积极引入"智慧助老"先进设备,让老年人足不出户,就可以享受全方位的精准服务。

四、养老床位"一床难求"与"一半空置"何以并存?

现阶段,我国养老行业出现了一种"奇特的"现象:机构床位"一床难求"与"一半空置"竟能并存。我们认为,这是养老产业在逐渐得到社会各方重视的情况下,呈现出的蓬勃发展过程中资源与市场需求不能匹配的阶段性现象,短期内这种现象还难以消除。其造成的资源浪费、市场紊乱需要引起足够的重视。究其原因,恐怕与如下五组对应要素的不匹配情况有关。

1. 养老产品供需数量的不匹配

我国养老产业尚处于起步阶段,供给侧的自我调节能力不强,市场供给和老年人需求存在比较明显的错配现象,具体体现在市场供给的总量和结构与老年人的实际需求匹配不上。

由于缺乏全国性的调研与整体研判,我们这里仅以养老产业发展较早的上海地区为例进行分析。

一是市场供给总量的缺口较大。根据上海交通大学行业研究院2019 年《关于上海市养老行业市场化发展的研究报告》(简称《报告》)提供的数据,2019 年上海全市养老机构共计 724 家,床位数共计15.2万张。根据"9073"规划,在养老机构的床位空间布局上,上海市提出了"中心城区各区养老机构床位数不低于区域内户籍老年人口的 2.5%,郊区各区养老机构床位数不低于区域内户籍老年人口的 3.5%"的要求,而目前的床位数量配置刚刚达到最低标准。但这并不包含非户籍常住老人的需求,其中差额大约为 2 万张。

二是市场供给结构出现错配。从《报告》数据看,在上海地区的所有老年居住项目中,高端和中偏高的占比为 68%,纯高端的占 18%,纯中端的占 12%,低端的占 2%,与橄榄型的需求结构不匹配。养老供需在上海这样的大城市中呈现出"高端供应饱和,中低端不足"的特点,尤其是养老社区基本上都是高端的,纯中端的养老社区、养老服务机构比例偏低。

养老机构床位的供给缺口和结构错配与老年人的实际需求形成了匹配矛盾,造成了部分养老机构的无效供给、床位空置和资源浪费等现象。

2. 市场价格与支付能力的不匹配

我国养老机构的定价标准各地并不一致,而老年人在养老上的支出差别也较大,加上一些潜在养老消费支付能力没有实际开发和释放,使得市场上的产品与服务价格和老年人的支付能力不够匹配。

以上海地区为例,《报告》指出,养老机构可划分为低、中、高三个档次。其中,低端养老机构是以福利为取向的政府举办的养老服务机构,月均收费5 000元以下;中端养老机构是兼顾营利与福利属性的养老服务机构,月均收费5 000~10 000 元;高端养老机构主要为高收入的老龄群体提供养老服务,月均收费 10 000 元以上。

与此同时,老年人支付能力增长较快。自 2004 年起,上海市实施养老服务补贴制度,为低保、低收入等经济困难的老年人提供养老服务补贴。2018

年1月起推行长期护理保险制度试点,进一步减轻了个人的经济负担,使得这部分老年人的支付能力基本上可应对低端养老服务的市场价格。

此外,上海市老龄科学研究中心数据显示,2016年上海市老年人城镇基本养老金已经达到月均4 077元的水平,且上海市 60 岁以上领取城镇基本养老金的人数占 60 岁以上老年人总人数的比例在 2017 年达到了近 80%的水平,即说明上海市近八成的老年人月均养老金收入能达到4 000元以上,加上老人的储蓄、政府的补贴和房产等,上海市超过八成的老年人有能力支付中端养老机构提供的服务。而根据《报告》数据,纯高端的老年居住项目占 18%,市场供给份额与具有高支付能力的老年人基本匹配;但纯中端供给份额仅占 12%,远远难以满足近八成具有中等支付能力的老年人的养老服务需求。中端市场供给与具有中等支付能力的老年人的需求出现严重不匹配的情况。

3. 机构服务质量与老年人的预期不匹配

近年来,养老机构提供的服务质量已得到显著提升,但仍需进一步提高与老年人要求"优质优价"服务期望的匹配度。这不光需要机构的自我提升,还需要社会各方的共同努力。

2016 年,在中央财经领导小组第十四次会议上,习近平强调,"提高养老院服务质量,关系 2 亿多老年人口,特别是4 000多万失能半失能老年人的晚年幸福,也关系他们子女工作生活,是涉及人民生活质量的大事"①。自此之后,提高老年服务质量就成为民政部、劳社部等部门的重点工作之一。

2017 年 12 月,民政部组织编写并报请国家质检总局、国家标准委发布了《养老机构服务质量基本规范》(GB/T35796—2017),规定了养老机

① 习近平关心的那些"小事"[EB/OL].(2020－10－28)[2021－10－28].http://news.cnr.cn/notive/gd/20201028/t 20201023_525311614.shtml.

构的基本服务项目、服务质量基本要求、管理要求等内容。这是养老机构服务质量管理方面的首个国家标准，标志着全国养老机构服务质量迈入标准化管理的新时代。

除了制定出相关标准外，在整个养老机构的运营过程中，各部门还需要对老年服务进行"常态化"质量管理。在宏观层面，各级各类政府部门以及政府委托的第三方需要从外部对服务质量进行评估、管理和监督；在中观层面，老年服务机构需要按照规章制度、工作流程和各业务环节进行自我监督管理；在微观层面，老年服务机构中的每一个工作人员需要忠于本职、自律奉献，做有爱心的守护天使。

4. 企业经营资源与服务定位的不匹配

现阶段我国养老产业的市场化程度不高，在企业层面容易出现养老服务定位不精准、经营资源配置效率低等现象。

房地产企业以"养老＋地产"的模式进入养老市场，主要侧重于提供载体，偏好开发养老住宅型项目，但呈现出"重地产轻服务"的现象，造成养老服务定位偏差大、盈利模式不可持续等问题。

保险机构作为养老产业链上重要的一环，力求实现养老产业与保险产业的协同发展，主要布局在一线城市及周边辐射圈和部分强二线城市，其定位于"保险＋养老"。但是，目前多数保险公司还只是把养老服务作为保单销售的一种手段，在老年人的接受度、满意度以及适老化服务上还要下大功夫。

内资养老服务运营商业务涵盖范围广，一些运营商利用"大数据＋传统养老服务业"的模式优化养老资源配置，但与外资同类机构相比，其规范程度落后，行业集中度低，在中高端养老、康复服务上仍是空白；外资养老服务机构主要定位于高端市场，但其提供的服务也遇到了文化环境差异、经济负担重等水土不服的问题。

此外，养老产业目前缺乏领军和头部企业，各地各家机构的资本和服务水平参差不齐,有需求的老年人对其认同感不高,这些都会对那些经营不错的企业进行产品和服务品牌塑造、理念宣传形成阻力。"酒香也怕巷子深",一些优秀养老企业尚需在运营服务之外积极调整经营资源布局,建标准、育人才、强管理、塑品牌、优文化,打造与自身服务定位相一致、高知名度、基业长青的领军企业。

5. 区域布局和地区需求不匹配

现阶段,我国养老机构的区位选择和区域布局也存在与地区实际需求之间不匹配的情况。

上海的养老机构布局虽然表现出"中心城区密集,远郊区稀疏"的特征,但目前却存在中心城区养老机构"一床难求",郊区养老机构空置率较高的问题。中心城区机构养老设施数量多,但由于规模小、老年人密集,服务范围明显无法覆盖到附近的老年人,供需矛盾突出;近郊设施规模大、人口相对稀疏,设施点的服务范围均比较大,且存在多个设施点服务范围重叠的现象,表现为供给冗余;远郊地区养老设施整体上供大于求,但受距离远近和人口分布的影响,部分养老设施地理位置偏僻,仍然存在需求缺口,养老机构床位利用率低造成了资源的浪费。同时,中心城区的养老机构吸引力水平差异较小,多为中等水平;郊区养老机构的吸引力差异较大,高吸引力机构主要分布在近郊区,低吸引力机构主要分布在远郊区。这些都凸显了城市养老机构空间布局的不合理性,以及与实际区域需求间的不匹配性。

此外,人口迁移也会导致地区的供养比发生变化,难以达到精确供给。对于迁入地而言,养老机构有望得到更多年轻劳动力供给,供养比下降,为提升养老服务的质量、增加养老设施的供给数量、满足更多老年人的养老需求提供了可能;而对于迁出地来说,年轻劳动力的流失造成供养比的上升,留守年轻人的养老压力则会相对增加,养老机构的数量和质量可能也会受到影响,无法满足当地老年人的养老需求。我国东北地区就面临比较严峻的挑战。

五、养老产业存在风口吗?

我国养老产业被认为存在庞大商机,但近些年的实际状况却不如预期。由此产生了一个疑问:我国养老产业是否真的存在风口?

要回答这个问题,我们需要做以下三个判断。

(一)养老产业能否产生风口?

1. 横向对比发达国家,头部养老企业多已上市

日本养老福利化,市场规模大但净利率低。1970 年日本 65 岁以上老龄人口占比为约 7%,是全球最早进入老龄化的国家。2000 年《介护保险制度》颁布后,以养老服务为核心的养老产业开始蓬勃发展,数年间诞生了数十家上市企业,且头部企业的业务均涉及介护服务。然而,日本养老服务的净利率较低,平均不超过 3%,最低的不足 1%,上市企业中最高也未超过 10%,这主要是因为养老服务单价由政府主导,养老费用的70%~90%均由国家负担。

美国养老市场化,以高净值人群服务为主。美国是全球最早开启养老市场化的国家之一,政府参与度低,仅实施管理、保险、救助资格认定等功能。美国养老金融体系健全,老年人支付能力强,形成了以抵押贷款、违约保险、房地产信托基金(REITs)等金融工具推动私人资本进入的养老领域的市场核心机制;行业主要围绕高净值人群提供养老服务,服务费用的 80%~90% 由个人承担。2019 年美国老年住房联盟在其报告中对全美最大的 50 个养老机构所有者和 50 个养老机构运营商进行评选,其中所有者上市 16 家、运营商上市 4 家,全美最大的 3 家养老上市公司既

是所有者也是运营商。这体现出美国养老产业更多地以金融推动产权交易为主的属性。

从日本、美国养老产业的发展来看，无论是偏向福利化的日本养老产业，还是市场与资本高度融合的美国养老产业，都培育出了较多的上市企业，足见养老产业的机遇之大。

2. "福利性＋市场化"相结合的中国养老模式探讨

中国养老产业的发展道路或将介于日美中间，走出一条"福利性＋市场化"相结合的、具有中国特色的养老发展模式。主要原因有二：

其一，中国有庞大的"未富先老"群体，且政府承诺"老有所养"，所以"托底性、基本保障型养老"是中国式养老的底色，要体现福利化原则，要建立普惠性养老体系来支撑。

其二，中国的中产阶层人数已达 4 亿，且仍在不断增长，随着中产阶层家庭步入养老阶段，其消费需求、消费能力、支付意愿能对退休后的生活产生重大影响，譬如高品质、市场化的中高端养老需求。

由此，我们判断，中国养老产业未来将形成面向中低收入家庭的福利化、普惠性养老，以及面向中高收入家庭的市场化、差异性养老两个层级并存的结构，由此或将产生公益、非营利性养老事业与市场化、营利性养老产业共存的产业格局。

3. 我国养老产业规模巨大且具备高速增长的潜力

判断我国养老产业是否存在风口，还需确认市场是否具有足够大的规模及较快的增速。从以下三点来看，我国养老产业具备这两个条件。

第一，老龄人口持续激增带动市场扩大。第七次全国人口普查数据显示，我国 60 岁以上老龄人口已超 2.6 亿，约占总人口的 18.4%。中国发展基金会发布的《中国发展报告 2020：中国人口老龄化的发展趋势和政策》预测，到 2050 年，我国 60 岁以上老年人口将近 5.0 亿，约占总人口的 36.5%。

老龄人口保持高速增长,占比持续提升,将推动养老产业市场扩大。据艾媒咨询 2021 年提供的数据,我国养老产业市场 2019 年规模已达 6.91 万亿元,2020 年为 7.18 万亿元,预计 2021 年将达 8.78 万亿元,2022 年将达 10.25 万亿。另外,根据中国社会科学院 2016 年发布的《中国养老产业发展白皮书》,预计到 2030 年,中国养老产业市场可达 13.00 万亿元。

第二,老年人消费能力提升提供产业增长逻辑。我国基本养老金自 2005 年以来经历了 17 次上调,老年人保障补贴政策力度不断加大。新华网报道,2016 年中国养老金平均水平约每月 2 300 元。近年养老金的涨幅在年均 5% 左右,2020 年中国养老金平均水平约每月 2 800 元,发达地区不少城市已超过每月 4 000 元。这意味着老年人的可支配收入不断增加,消费能力得到提升,养老产业长期增长的底层逻辑成立。

第三,活力老人带动老年人消费多样化。随着生活质量及医疗水平提升,越来越多的中低龄老年人口生活习惯向中年人靠拢。事实上,随着医疗卫生水平的提高和平均寿命的延长,61～75 岁的人口仅仅是变换了一种生活方式,无论是从生理上还是从心理上都不再像老年人。根据世界卫生组织官网发布的《世界卫生统计报告》的数据,1949 年中国人均预期寿命是 35 岁,而 2020 年达到 77 岁,翻了一番多。我国东部发达地区人均预期寿命已经或将陆续超过 80 岁(2019 年年底,北京居民人均期望寿命已达到 82.3 岁,上海已达 83.7 岁)。这意味着如今 70 多岁的人在生理和心理上,尤其是在心理上可能仅相当于 70 年前 30 多岁的人。因此,这些人虽然陆续退出正式的劳动岗位,但他们的消费需求呈现出更年轻化、多样化的趋势。

4. 盈利期望保持不变,盈利模式仍在探索

2013 年我国首次提出养老产业概念,房地产商率先入场,在城市郊

区发展大盘型养老地产,国资与险资紧随其后。直至 2017 年,养老地产热度褪去,人们发现这一模式并不适合中国多数地区的养老需求。随即,资本又转向社区老年公寓,目前仍在摸索试验阶段,仍需要有政府政策的引导与支持。从资本投资方向不断调整,我们可以判断养老产业背后的盈利逻辑仍在,资本依然跃跃欲试,不断探索着适合我国国情的养老模式。

(二)我国养老产业有哪些风口?

养老服务或将成为养老产业最大的风口。养老产业的核心是围绕老年人需求的服务与运营,它关注的焦点是服务主体、服务对象本身。没有服务运营就没有养老产业,服务运营是产业营收与利润的主要来源,是产业健康发展的重要标志。未来该领域或将出现大量十亿乃至百亿级营收规模的企业群。

中低端养老项目或将成为主流需求市场。养老资源错配导致的供需不匹配是目前养老市场最大的难题:高端养老项目多,可选择性强,承诺性服务好,设施完善,但是价格昂贵且会员制运作不规范,致使部分地区已出现供给过剩;保障型养老服务由政府主导定价,服务同质化高,价格便宜,但是目前服务水平参差不齐、竞争激烈,规模化效益难以体现。未来如果能通过政府由"补供方"向"补需方"进行机制性转变,就能够大大激活这一市场。定位中端的养老项目一般定价会更亲民,但在高地价下供给相对较少,大量中产阶层家庭的养老需求缺乏适宜的解决方案。随着公建民营模式的推广,有望解决养老机构前期投入过大的问题,或将缓解中端养老机构高成本、慢回报的压力,因此符合中产阶层家庭需求的中端养老项目可能成为市场化需求的主流。这与旅游行业面向大众需求的品牌快捷酒店类似。总之,中低端养老市场规模大,潜力也大。

失能半失能服务市场存在巨大潜力。2020 年 7 月,中国保险行业协会、中国社会科学院人口与劳动经济研究所联合发布的《2018—2019 中国长期护理调研报告》显示,中度和重度失能老人面临较大的服务缺口和保障缺口,老人的支付意愿远低于实际支付水平。而失能半失能老人照护是社会养老矛盾中最突出的部分,也是子女面对的最棘手的问题。随着第三支柱的完善,未来在失能半失能老年人照护、照护人才培训、照护人才中介领域存在巨大的商机。

智能养老推动养老产业提质增效。目前人工智能在养老服务中发挥的作用还比较有限。未来,智能养老的发展将推动养老产业升级,提升养老效率,并将是缓解养老服务压力增加与劳动人口减少矛盾的重要途径;而智能养老设备的研发推广,也将推动老年人生活质量提升。2020 年 11 月国务院办公厅印发的《关于切实解决老年人运用智能技术困难实施方案》(国办发〔2020〕45 号)为智能养老提供了政策风口,智能养老将逐渐被市场接受,成为行业潜在的风口。

旅居式养老市场正在迅速扩大,但仍具有很大的潜力。2019 年携程发布的《老年群体旅游行为报告》显示,50 岁以上人群已成为高频旅行用户,65% 的受访老年人每年出行 3 次以上。2021 年中国老年人旅游消费或将超 7000 亿元,增幅可达 23%。国内目前针对老年人更偏爱的自由旅行定制产品少,跟团游又难以满足老年人的集体出游需求。此外,如何保证老年人的安全和健康问题,亦是国内旅游有关企业需要着重思考和发力的关键。老年旅游未来还有长足的发展空间。

(三)我国养老产业风口以什么形态呈现?

上海交通大学的罗守贵教授认为:"养老行业与别的行业不太一样,它没有大风、强风,更没有暴风,但它有信风——持续而稳定的风。对于养老行业而言,从现在开始一直到 2070 年前后的 50 年里,都处于稳定的信风带。"

气候学中,信风的主要成因是地球的自转,其特征是持续、稳定,每年都会以固定的方向、风力出现,但较为徐缓,并不猛烈。养老产业同样如此,人口老龄化就是永远不变的地球自转,给养老产业带来稳定的长效收益,却很少会有"赚快钱"的机会。

未来,这种长周期的商业模式将逐渐引导企业向轻资产模式转变,并促进养老地产的三个参与方——投资人、开发商、运营商角色的分化,促使养老产业向更加精细化、专业化的方向发展,为社会公众提供更好的服务。

因此,我国养老产业的风口,也应是持续性、较小的风口。对于喜欢做长线的投资者而言,这是绝佳的投资机会。

六、养老企业在战略上该专业化还是一体化?

不断加剧的人口老龄化逐渐迫使满足老年人需求的模式更加多样化,由此,催动了养老产业蓬勃发展,重塑人们对老龄事业的观念认知。养老产业的运营主体是养老企业,企业从诞生成活到成长壮大历经无数考验,选择到符合产业发展趋势的正确的战略路径,方能少走弯路、避开险滩、抵达成功的彼岸。身处养老行业的企业亦是如此。当前涉足养老的各路"神仙"众多,很多都身怀本门"绝技",很多都自认为家底殷厚、能力非凡,很多都在铺摊子、上项目,很多都在搞大而全、小而全……最终谁能抵达彼岸,确需从战略选择上进行廓清和再认识。

1. 从养老产业链看养老企业的业务布局

养老产业是满足老年人衣、食、住、行、用、医、娱、学等特殊需要,由多个产业相互交叉的综合性产业。以满足"住"的需要——养老项目为着眼点,养老纵向产业链可以分为项目立项与投融资、规划建设、养老运营、中介服务等四个环节。养老运营是整个产业的核心,没有养老运营就没有养老产业。在养老运营中,围绕老年人的需要可以提供各种服务,如文旅休闲、疾病诊疗、养老保险、康复辅具设备设施等(见图1)。

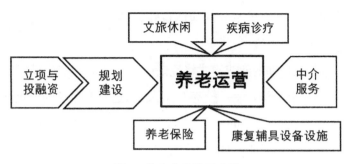

图 1　养老产业链示意图

在产业前景看好和政策加持下,众多企业竞相涌入养老产业,纷纷抢占蓝海市场。较早进入养老领域的是有资源和资本优势的大型房地产企业和大型保险企业。万科、保利、绿地、华润置地、远洋地产等房地产业企业从项目立项与投融资到规划建设,以及设立养老机构开展运营服务等,已深度涉足养老全产业链的运作。而泰康人寿、中国太保、中国人寿、中国太平、中国平安、新华保险、合众人寿等一众保险企业,为了开发、抢占养老保险市场,也以自建自营或与第三方合作的方式(如合众人寿)布局养老产业,探索"保险＋项目投资＋养老运营"的一体化运作模式。

还有一些拥有产业情怀的企业家,他们一开始就把自己的企业定位为养老服务综合运营商,深耕区域市场或服务模式,逐渐成为养老运营的行业代表型品牌,如发端于江苏宜兴的九如城养老、发端于上海的亲和源养老等。

除此之外,多数企业或将现有业务延伸到养老产业链的某一两个环节(如规划建设、中介服务等),提供专业化的产业服务;或聚焦养老运营环节,在某一类业务(产品或服务)上深耕细作,如专注于养老康复辅具制造的上海午阳电子科技有限公司,专注于养老信息服务的上海友康信息科技有限公司等。

2. 中国养老企业现有发展路径评价

从发展路径上看,中国企业切入养老行业一般有四种方式,每一种方式都经受着市场的检验,呈现出较明显的特点或问题。

第一种:主动切入养老产业链的某一环节,但资金实力有限,主要走专业化发展之路。

切入养老某一专业领域,精耕细作,获取现金流存活下来,逐渐发展壮大并形成市场影响力。企业小而灵活,对产业环境适应性较好。如果所切入的业务既可以面向养老行业,那么可以面向其他行业,则范围经济性可以分散养老行业低盈利的风险,如康复辅具。

第二种:大型地产开发商迎合地方政府的需要,携资金、土地等资源优势,以养老地产切入养老行业,谋求房地产转型和养老产业一体化发展,但目前主要目的还是卖房子。

该路径的盈利模式主要有销售房产、收取租金或会员费、租售并举。实践中,养老地产多为租售并举,既出售老年公寓,同时自己又持有并运营社区内的康复和养护中心。对房企来说,卖房子回收资金更快,养老服务收入无法与房地产收入相提并论。因此,多数房企做养老项目,更看重的是其房产属性。目前养老营收贡献占比小,盈利弱甚至亏损,多数都是通过房地产利润反哺养老产业,因此如何获得盈利成为摆在房企面前的难题。

我们认为,养老如果不能成为整个集团盈利模式的重要贡献者,那么它的战略地位、独立的商业版图就难说是真正确定的,此时的养老业务仍然只是可交易的资产,所以大型房企可能拥有很多养老项目,但并不能说明一个高品质、规模化的养老品牌可以就此确立。

第三种:大型险企为了开拓养老保险新领域,借助长期低成本的资金优势、高净值客户转化为高端养老客户的潜在优势,低成本获取土地开发养老社区,借助会员制养老销售商业险保单,积聚客户资源,谋求一体化发展,但目前主要目的还是卖保单。

多数险企都要通过主业利润反哺养老业务。投资养老本质上没有改变保险公司的商业模式,因此布局养老产业只是一个手段、一个补充。

险企拥有低成本、高安全性、可以长期持有的巨额资金,险企资金的来源、特性与养老行业经营有很强的匹配性;但是遗憾的是,多数险企更注重将资金配置到资本市场中去,没有花精力去培育养老服务运营企业。

险企要在养老产业领域长期规模化经营,尚需处理好轻重资产的配比关系。合众人寿初期策略是采用重资产投资模式,但后续运营中的现金流入与建设期的现金流出规模无法匹配,不得已放慢了在全国布局的速度。

险企的常规运作模式是消费者通过购买商业养老保险获得会员制养老资格,待退休后,险企通过客户保单的价值返还提供养老服务。我们认为,由于缺乏长期监管机制,消费者的信任成本将是巨大的。会员制资格预留、保单价值返还、养老服务提供、养老服务费给付等,全部都在险企内部完成。商业合规性、服务质量、定价等都是不透明的,谁来监督?谁能确保20~30年的承诺能真正兑现?如果违背承诺,有何种干预或惩戒措施?这些问题都待在今后发展过程中逐步规范和完善。

第四种:凭借一定的资金实力或资源优势(如本地企业更容易获取土地、养老设施、客户等资源),切入养老设施的规划建设、养老运营、文旅休闲等业务环节,谋求一体化发展。

企业选择这一产业需要下很大的决心,要有长期亏损、得不到盈利的准备,心甘情愿赚辛苦钱,长期做品牌和客户积累。因此,各大险企需要更多地关注服务主体、服务对象本身,认识到发展的根本是围绕老年人的需求去搞服务与运营,业务发展逐渐聚焦到如何基于服务与运营产生营收、创造利润,将精细化服务、综合化经营、品牌化扩张构筑成产业竞争的壁垒。

长期来看,仅靠自有资本或滚动经营解决不了规模化发展的资金问题,因此,一方面需要引进大量、长期、低成本的资本,另一方面需要畅通的项目来源政策通路以及专业化的投融资运作。实践中,以其特有的规模优势和政治责任感,近年来央企的力量开始介入养老市场,但仍需有效的体制机制方能保证其可持续性。

总的来说,多数企业都是在自身最大能力范围内先选择熟悉的领域进入养老市场,然后视机会协同有关领域同时推进。切入养老的大型企业为了提高运作效率、减少市场化交易成本,都在谋求全产业链一体化运作,但此种模式对资产获取与投融资能力、设施规划与建设能力、长期运营服务能力等都有着极高的要求。相较而言,在养老产业化初期,多数中小型企业聚焦于产业链某一两个环节或集中于运营服务的某一两类业务,以专业化人才团队提供专业化服务,从能力培养、成本管理上来看更容易掌控。

3. 养老行业未来主流发展模式前瞻

随着老年人需求规模的快速释放、品质的逐步提升,养老产业链上汇聚的企业将越来越多。养老企业基于养老运营的共性以及产业服务的互补性而联系在一起,形成了产业空间的集聚,即养老企业集群。集群内部养老企业间将以两种模式进行产业分工:一类是横向分工,基于集群的主导产品/服务在内部按档次、品种、类别横向组织生产/运营,以获取外部范围经济;一类是纵向分工,按照产业链的上下游关系纵向组织生产/运营,以获取外部规模经济。

同时,以下三大因素将影响养老企业集群的内部分工,进而决定着养老行业未来主流发展模式的走向:

一是运营主体发展的独立性得到全面保证。运营主体能够长期独立地获取低成本的发展资金,能够持续独立地获得规模化发展所需的土地或养老设施等硬资源,能够自主独立地发展客户并开展业务运作。

二是该模式对产业环境有很强的适应能力。普惠养老的公共服务属性与差异化养老的市场化属性相兼容(如价值提供维度),执行政策规范与满足多元化需求等相协调(如产业政策维度),地域、客群的复杂性与服务供给的多样性相匹配(如供求关系维度)。

三是该模式能够根植养老本质并快速复制放大。养老行业的本质是立足老年人的需求提供物质精神生活上、身体健康上的养护服务。该种复合型的养护服务既可以标准化亦可以定制化,并能够进行跨地域、跨时空、快速地复制。由此,处于既定战略阶段的养老企业在可持续获得盈利的前提下能够达到既定规模并能稳健发展。

随着养老企业集群内部分工的此消彼长,我们可以推测出我国养老行业未来或将出现的三种主流发展模式。

一是养老集中化运营发展模式。中国未来的养老市场巨大,但养老产品差异化细分不足,精细化服务提升空间很大。养老企业如果在战略上有清晰的市场发展定位(如中高端养老、会员制养老等)、服务领域相对聚焦(如服务失能半失能老人、为活力老人提供康养服务等),在战术上先在若干区域、城市做到了行业最好,获得了稳定的客群,由此积聚出品牌和影响力,那么这类企业就具备了去异地发展扩张的条件。通过集中于细分市场逐步建立起业务独立发展的能力,形成稳定的现金流和可靠的经营利润,这类企业将不会对原来的产业、投资主体形成很强的依赖。走集中化运营发展模式的企业较容易获得外部资本的青睐,自身也可能达到资本独立上市的条件。

二是养老综合化运营发展模式。养老产业服务对象的特殊性、产业跨度与市场体系的综合性、从事单项产品或单项服务的微利性等,决定了大型养老企业更倾向于推行多客群或全客户服务,通过多档次、多品种、多类别的横向组织运营,构建全面养老服务体系,培育更多的全周期老年人客户,以做透市场,从而获得最大限度的外部范围经济。同时,在综合化运营模式下,多样化服务供给更容易匹配差异化市场,也更容易满足多元化需求,对产业环境有更强的适应能力。因而,采取综合化运营发展模式的企业一旦在若干区域或城市内做出品牌和影响力,其在业务层面将更容易达到快速复制放大的条件,也能更独立自主地发展客户、开展业务运作。但是,该类企业要持续独立地获得规模化发展所需要的土地或养老设施等硬资源,尚需外部资本的加持,而且要想长期独立地获取低成本的发展资金,还应积极谋求独立上市,抓住机遇,向百亿级、千亿级营收规模跃进。

三是产业服务专业化发展模式。养老产业市场化意味着行业的开放,来自外部的资金、土地、劳动力、技术技能、管理经验等要素借助企业载体,进入产业上下游或养老运营周边领域,为产业提供专业化服务。这类企业在专业领域内已有一定的口碑,产业适应能力较强,既可以面向养老行业,也可以面向其他行业;它们有稳定的现金流,可以摊销成本,不受企业初入市场的生存压力和市场波动困扰,对资本没有过分依赖。但这类企业往往因其服务领域的专业性,导致规模体量较小,较容易成为大型养老企业或机构的配套服务商,或者作为"小而美"的企业独立存在。

七、养老机构为什么获得盈利难?

根据 2020 年 9 月民政部发布的《养老机构管理办法》,养老机构是指依法办理登记,为老年人提供全日集中住宿和照料护理服务,床位数在10 张以上的机构。随着我国进入老龄化时代,养老问题进一步加剧,养老产业发展前景看好。然而严峻的现实是养老机构(养老服务的提供主体)却难以获得盈利。根据 2015 年我国老龄工作委员会发布的《养老机构发展研究报告》,我国仅有 19.4% 的养老机构盈利,绝大多数机构处于无盈利状态。近些年,我国养老机构的盈利情况鲜见公开数据,但根据走访调研,我们发现不少养老机构经营仍步履维艰,许多靠政府补贴维持,多数机构在盈亏之间苦苦挣扎。市场化的养老服务运营本身不能获得盈利,势必对行业发展产生消极影响,折射出整个产业的投入与产出尚未形成良性循环,"产业黑洞"的长期存在或将吞噬行业发展的动能。这里我们试图剖析问题的根源所在,以期寻求解决方案。

1. 落后的养老理念增加了养老机构获取客户的难度

落后的养老理念制约了人们对社会化养老、市场化服务的选择与认同。在中国传统文化中,"百善孝为先",社会群体普遍认为送老人进养老院是一种不孝,很多家庭(无论是老人还是子女)难以接受离家养老这一选项。数据显示,一线城市如广州仅有 10%的老人愿意在机构中养老。除此之外,相当数量的企事业单位职工、政府公职人员、知识分子,甚至民营企业及个体工商户,都认为自己养老应由政府来管,他们期望的养老模式还停留于福利事业、五保帮困甚至干休疗养的认知阶段。他们无视整个国家正面临巨大的养老压力,对发达国家养老产业化也持全面否定态度,他们对我国养老服务市场化的改革方向充满了焦虑和排斥。

2. 养老消费的代际差异制约着养老服务市场的发展

养老消费理念的代际差异使消费空间的释放出现了滞后,制约着养老服务市场的发展。从人口结构看,我国目前 45～59 岁的中年群体处于"倒金字塔"结构的中间地带,他们未来将成为养老消费的中坚力量。根据红杉资本《2019 年中国城市养老消费洞察报告》的预测,一二十年后,中老年人群的养老消费将会迸发。但是作为目前养老消费主力群体的老年群体,虽然人数高达 2.64 亿,但大都秉持"多积累,少消费,重物质,轻服务"的理念。本着为子女多累积物质条件的"甘为老黄牛"的初心,老年人的养老开销主要集中在日常基本需求和疾病治疗方面。即使部分老年人有购买服务的刚需,但消费过程中仍倾向于选择最基础的服务,不愿意为更优质的产品或服务而付费。在养老付费这个问题上,目前的主力客群想着要尽量少花钱,而未来的主力客群当下又难以释放消费潜力,养老机构目前面临"前不着村,后不着店"的尴尬境遇。

3. 养老政策扶持力度难以解决机构高成本运营问题

展望未来,我国养老将以"福利性＋市场化"相叠加的模式为主导,提供养老服务的机构应在不同程度上享受到产业扶持政策(如获得养老设施经营权的优惠政策)或者经营补贴,以缓解养老机构服务运营成本居高不下的问题。如果优惠政策空间或经营补贴的力度不够,那么养老机构将面临长期的经营压力。公开数据显示,民办养老机构投资运营期间70%的成本来自固定资产的购置或者租赁。虽然政府针对养老机构项目建设有专项支持政策和补贴,但是设定了支持政策和补贴的条件,如租用他人现有设施改造成养老机构的不在支持范围内。然而,民办养老机构绝大多数租用设施,无法享受养老机构建设补贴。即使对于符合建设补贴条件的机构,政府扶持力度依然有限。如 2019 年陕西省民政厅发布的《民办养老机构建设补助管理办法》(陕民发〔2019〕6 号)提出,对于满足条件的新建机构每张床位一次性补助 3000 元,但相对于养老机构实际建设成本来说仍然相差甚远。在房屋租赁补贴方面,目前还缺乏相应的专项政策。如 2016 年北京市仅有 7 家养老机构获得了房租补贴,在北京市注册的养老机构中占比低至 1.6%。总而言之,针对养老机构居高不下的运营成本,政府仍需要加大扶持及补贴力度。

4. 市场化定价机制难被广泛认同进而无法获得竞争优势

面对简单化划分的养老市场,市场化定价与政府定价两套机制并存,机制的冲突会导致养老服务盈利空间受限。在低端市场上,民办养老机构没有成本优势,难以与政府定价机制下的公办机构竞争。虽然公办机构和民营机构定位相似,但由于较大的前期投资,政府定价机制下的民营机构无成本优势,而市场化定价又难以被广大消费群体认同。在中高端市场上,如果政府执行严格限价的政策,那么养老服务产品就很难保证多样化和优质化，个性化养老服务也难以实行差异化定价，民办养老机构就很难通过高品质的服务建立起竞争优势。此外，我国部分公办养老机构的功能定位与实际入住人员收入水平错配，本该面向弱势群体为主的福利性公办机构，因为位置好、价格低、服务较好等原因，吸引了众多城镇中上收入水平的消费群体，造成了"一床难求"的社会现象。这些公办机构享有的政策待遇或者补贴不受市场化定价规则的影响，容易造成不公平竞争。众多中高端消费者宁愿排队等候入住公办机构，也不去选择可以提供更高品质服务、更透明价格的民办养老机构。市场化定价难以被认同，导致民办机构的入住率通常较低。

5. 养老收益与资本投入错配导致养老项目投融资难

养老收益与资本投入的错配涉及资本规模、运作周期、利润率等方面，养老项目投融资难是普遍现象。养老服务项目有着资金需求大、运作周期长、营收细水长流、盈利稳定但空间较小等自身特征。目前我国养老服务产业还处于初级阶段，多数养老机构规模较小，难以满足融资结构中对自有资金比例的要求，更难获得较大规模的融资。养老服务是一个关系社会民生的问题，养老产品与服务有着很强的公益性和福利性，多数项目整体利润率不会太高，影响了资本市场对于养老项目的青睐，致使养老项目前期投融资困难。

6. 养老机构直接服务对象的特殊性使得机构规避风险难度大

随着年龄的增长，老年人的健康状况会每况愈下，这是不可颠覆的自然规律，给机构规避经营风险带来极大的挑战。高龄老人很多会走向失能半失能状态，专业机构在提供服务的过程中，老年人容易产生身体机能衰退等疾病问题，或者发生如坠床、摔倒、噎食、走失等意外情况。此外，因工作人员护理不当、设备设施不合理等情况而给老年人造成人身伤害，也是常见现象。以上种种问题给养老机构带来了较大的经营风险，实际运营中难以规避和化解,甚至难以缓释。风险一旦发生,不仅造成经济层面的损失,也会耗费经营者大量时间和精力。养老机构为此需要尽量做好入住评估、商议服务方案、签订服务协议、开展日常护理等各个环节的风险管理工作,任何一个环节的疏忽都会留下风险隐患。与此同时,虽然我国正在全面推行养老机构责任保险,促进养老机构与保险公司的合作,但是执行过程中缺乏可操作性的规定。养老机构在实际操作中常常会出现事故责任认定困难、法律适用标准不统一等问题,这些问题都会削弱保险对于风险的转移作用。

八、享受型养老个人支付是否存在短板?

不可否认,每个人对退休生活的设想都千差万别,但是如果有人问"你想过上更自由、高品质、享受型的养老生活吗?"估计没有人会拒绝给出肯定的回答,因为这样的养老生活意味着你有更多的选择。你可以游历曾经日思夜想的名山大川,你可以去领略闻名遐迩的异域风情;也许,你还可以变身一只悠闲而自在的"候鸟",飞往温暖如春的冬季栖息地或凉爽宜人的夏季栖息地,过上惬意的养老生活;或许,你觉得身体不适,哪里也不想去,只想找一个僻静处,过上世外桃源般的休闲度假生活;还有可能,你的身体底子有点儿差,出门去心有余而力不足,那么找个服务好、价格适中的养老机构,由专业人员按照你的要求悉心照护,也可能是一种理想的选择。以上种种退休生活图景,对于千千万万广大中产阶层来说,是需要周详谋划的。谋划得越早,可选的余地就越大,实现的可能性也越大。更主要的是,这一切的选择都要基于一个前提,就是必须有相对强大的支付能力,而且它并不随着退休而有丝毫影响。

有人说,我退休前跟社保一起交了养老金,单位还给办了企业年金,自己还存了一笔钱,享受型养老该是无虞了吧!但问题可没这么简单。

1. 我国养老保障体系的三大支柱发展极不均衡

相比于养老保障体系成熟的国家，我国养老保障体系的三大支柱发展极不平衡。我国养老保障体系由三大支柱构成。其中，基本养老保险属于第一支柱；年金养老保险属于第二支柱；商业养老保险属于第三支柱。以美国和日本为例。美国以第二和第三支柱为主，2019 年第二、第三支柱两者合计占总资产(由三大支柱合计的养老保障总规模)的比重超过 91.00%，对第一支柱依赖较低。日本以第一、第二支柱为主，两者合计占总资产的比重超过 93.00%，第一、第二支柱的占比分别是 53.75% 和38.99%。相比较而言，我国养老金体系与日本更接近，其基本构成如图 2所示。但我国长期以来过度依赖第一支柱即基本养老保险制度，2019 年我国第一支柱规模为8.92万亿元，占比超过 73.70%。第二支柱尽管开始受税收优惠政策的推动，但并没有实现快速增长，2019 年第二支柱规模为 2.50 万亿元，占比为21.00%，与第一支柱相去甚远。

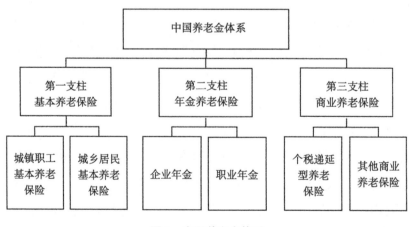

图 2　中国养老金体系

如表 3 所示，我国养老保障体系的第三支柱规模很低，与第一支柱上万亿元的规模相比，可以忽略不计。2019 年我国养老第三支柱规模为

0.68万亿元,占比仅为 5.62%,比日本的 7.26% 还低。

表3 2019 年中日美三支柱对比

国家	指标	第一支柱	第二支柱	第三支柱	合计
美国	规模/万亿美元	2.90	19.14	13.33	35.37
	占总资产比重/%	8.20	54.11	37.70	100.00
	占 GDP 比重/%	13.53	89.29	62.21	165.02
中国	规模/万亿元	8.92	2.5	0.68	12.09
	占总资产比重/%	73.72	20.66	5.62	100.00
	占 GDP 比重/%	9.04	2.53	0.69	12.26
	覆盖人数/万	99 900	2548/2970	4.76	
日本	规模/万亿日元	179	129.83	24.17	333.00
	占总资产比重/%	53.75	38.99	7.26	100.00
	占 GDP 比重/%	33.80	23.75	4.60	62.15

资料来源:根据信达证券研发中心 2021 年 4 月 6 日发布的研究报告《时不我待:我国三支柱养老体系建设》中的数据整理所得。

2. 第一支柱覆盖面广,但养老保障程度较低,支出压力逐年加大

养老保障程度较低,养老金替代率逐年下滑。我国的第一支柱基本上实现了广覆盖。截至 2020 年,第一支柱基本养老保险覆盖 9.99 亿人,占 2019 年适龄人口的 86.9%。从保障程度看,我国城镇职工月人均养老金领取水平为 3 332.5 元,仅能提供基本保障,而城乡居民月养老金领取水平仅 161.9 元,两者相差近 20 倍。此外,养老金替代率(劳动者退休时养老金领取水平与同年在岗职工平均工资水平的比重)作为衡量劳动者退休前后生活保障水平的差异,近年来也呈现逐渐下降趋势,基本养老保险替代率从 2000 年的 71.9% 下降至 2018 年的 44.0%(见图3),已低于 70% 所代表的退休前后生活水平较为一致的水平,意味着退休生活水平

将大幅下降。

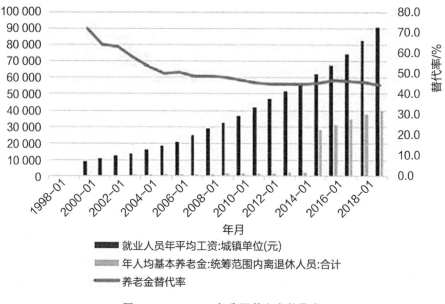

图3　1998—2018年我国养老金替代率

　　如图4和图5所示,基本养老金支出压力大,财政补贴社保支出也逐年加大。随着离退休人员数量的自然增长以及离退休人员养老金水平的不断提升,加上计划经济时代未缴纳社保人群却享受养老福利,近年来基本养老保险收支压力日益增大。截至2019年,基本养老保险基金收入为5.3万亿元,支出为4.9万亿元,支出/收入从2012年的76.6%上升至2019年91.8%。由于基本养老保险保障水平有限,社保支出严重依赖财政补贴。2019年财政补贴8 593亿元,占基本养老保险基金支出的16.4%。按照中国社科院世界社保研究中心于2019年4月发布的《中国养老金精算报告2019—2050》的估算,全国城镇职工基本养老保险基金可支付月数将趋势性下降,预计到2028年降至10个月以下,到2035年则降为0。

　　养老保险投资端尚未市场化运作,难以有效缓解支出压力。2015年国务院批准基本养老保险基金可以委托给全国社会保障基金理事会进行

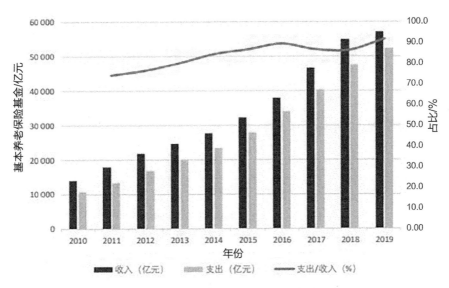

图 4　基本养老保险基金收入和支出

（资料来源：根据人力资源和社会保障局公布的相关数据及信达证券研发中心发布的相关报告）

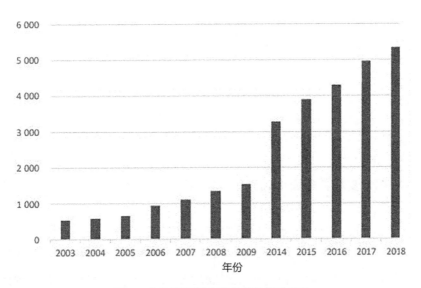

图 5　企业职工基本养老保险财政补贴

（资料来源：根据财政部公布的相关数据及信达证券研发中心发布的相关报告整理所得）

投资;2016 年,开始入市的步伐有所加快。截至 2019 年年底,已有 22 个省份和社保理事会签约,签约规模共计 10 930 亿元,占基本养老保险累计结存的 17.4%。但社保基金总体投资风格较为保守,以固收类资产为主,2010 年以来社保基金年均投资收益率为 8%～9%,投资回报相对有限,难以实现大规模增值(见图 6)。

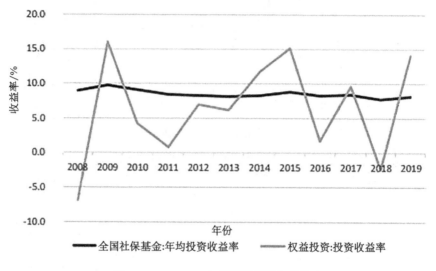

图 6 2008—2019 年我国社保投资收益率

(资料来源:根据 Wind 和信达证券研发中心相关研究报告整理所得)

3. 第二支柱覆盖面小,惠及群体人数有限,且个人没有主导支配权

第二支柱分为企业年金和职业年金。企业年金是企业自愿建立,对基本养老保险进行补充,以提升雇员退休生活水平的一种补充养老计划。职业年金是机关事业单位为员工设立的补充养老保险制度,具有强制性。

我国设立企业年金的企业主要为大型国企央企,而中小企业参与较少,覆盖率较低。截至 2019 年,我国设立企业年金的企业共 9.60 万家,覆盖企业占比不到 0.25%,覆盖职工人数 2 548 万人次,仅占当年在岗职工人数的 10.52%。2014 年后参与职工人数增长幅度尤为小,年复合增长仅为 2.13%,表明承担企业年金的企业数量增长空间已较为有限。职业年金设立较晚,于 2014 年才正式推出。截至 2020 年 4 月,职业年金参与人数仅有 2 970 万人,预计未来惠及人数有限。

第一支柱由政府主导,第二支柱由工作单位主导,这意味着第一支柱、第二支柱都不是个人所能左右的。如果你恰好只享受第一支柱,你的退休生活水平就会大幅度下降;如果你比较幸运,同时拥有第一支柱、第二支柱两个保障,你的退休生活会比多数人要好很多,但是要想过上更自由、高品质、享受型的养老生活,没有个人可以支配的支付能力,显然也是不现实的。

4. 第三支柱发展滞后,但潜力巨大,是享受型养老最主要的支付来源

我国养老保障体系的第三支柱——商业养老保险刚刚起步,规模较小。但第三支柱可自愿参与,且由市场化主体运营,账户资金最终由个人支配,具有激励性强、透明度高、灵活性好等优点,同时受到政府的大力支持,受众面很大,具备快速增长的潜力。

从发达国家看,美国第三支柱养老金发展较为成熟,截至 2020 年,美国养老金第三支柱的规模已达到 13.33 万亿美元,在美国养老金体系的总规模中占比达到 37.70%,为其养老金体系的最大组成部分。

第三支柱商业养老金是长期资金,投资期限可以长达几十年,以时间换空间,可以得到较高的投资收益。根据国外成熟资本市场的经验,养老金第三支柱提供的产品不应只有保本保收益的产品,更需要有足够的权益投资产品,从长期运作的角度为大众提供与其养老需求"相匹配"的收益率。适当控制权益类资产比重,增加相关性较低的商品、固定收益等资产类别,采取多元配置和分散投资,可以显著提高整个组合的风险收益比,在同等收益情况下降低组合整体的波动率,或是在同等波动率情况下提供更高的收益。

母基金（fund of funds，FOF）投资就是一种很好的多元配置方式。如图 7 所示，以国内现有券商 FOF 组合的平均业绩为例，FOF 组合分散投资于股票型基金、混合型基金、债券型基金和货币型基金四种产品，组合收益率略低于股票基金，略高于混合型基金，但波动率风险远低于股票型基金和混合型基金，体现出更好的风险收益特征。

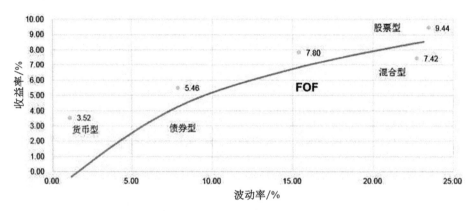

图 7　FOF 与单一投资的风险收益特征

我们认为，养老的第三支柱并非只有"商业养老保险"一种产品类型，从国际经验看，符合条件的公募基金、银行理财、长期储蓄、以房养老等都可以作为第三支柱的合适投资产品。

可以预期，未来第三支柱的产品形态将越来越丰富，广大中产阶层需要根据自身状况、家庭条件、支付能力等，主动参与第三支柱的投资布局；选出适合自己的投资产品，加大养老保障的投资比重，为自己将来能过上更自由、高品质、享受型的退休生活提供支撑。在养老靠自己的理念下，这样的谋篇布局越早越好，越精细、越周全越好。

九、养老产业为什么会人才短缺？

随着养老行业的不断发展，人力短缺、人才难觅、人才难用成为行业的共性问题。面对未来行业的发展和竞争挑战，管理者对人才短缺的忧虑日益加重。针对这一问题，我们从组织对人力资源的需求结构角度进行剖析，探索问题根源，思考解决路径。

1. 基层服务人员缺口大、流失率高，导致"金字塔"塔基不稳

目前我国的养老基层服务人员以护理人员为主。基层服务人员数量不足、流失率高是养老产业人力面临短缺的直接原因之一。

北京师范大学中国公益研究院于 2017 年发布的《2017 年中国养老服务人才培养情况报告》显示，目前我国至少需要 1 300 万名护理员，而实际数量不足 50 万人，持证人员不足 2 万人，缺口巨大。另据泰康保险集团 2019 年发布的《我国典型地区养老服务机构从业人员服务能力调研报告》（简称《调研报告》），约 74% 的养老机构存在护理人力不足，招聘员工困难，且人员普遍存在高流动现象，人力较为稳定的养老机构不足 15%。养老机构普遍存在人力需求普遍高于实际配置的问题，几乎涵盖从护理员到专业技术人员等所有职业种类。

《调研报告》显示，养老基层服务人员专业化和职业程度都不高，但是工作强度大、职业晋升体系不畅、职业期待高，导致其流失率很高。

工作强度大。《调研报告》显示，部分护理服务人员每日工作时长在 12 个小时以上，这部分人员的数量约占总调查人员数量的 43%。机构一名护理人员平均照料失能老年人 3～5 位，半失能老年人 6～8 位，自理老年人 10～20 位，居家老年人 4～6 位。

职业晋升体系不畅。《调研报告》显示，一半的养老机构没有明确的

职位晋升体系,近 20% 的机构的晋升路径还不顺畅。护理服务人员多认为自身工作没有上升空间(约 52%)或上升空间不明显(约 37%)。

职业期待高。《调研报告》显示,收入增加是护理服务人员最高的职业期待,占比约达 86%;同时,护理服务人员的职业期待不仅集中于收入增加、社会福利和社会保险的保障(约 64%)等方面,其对付出得到社会认可(约 40%)、定期组织培训以提高专业水平(约 37%)等自我提升、自我实现方面也存在诸多期待。

而在人才引入方面,有关部门对于行业人才的支持力度也不足。大部分养老机构和企业目前仍然面临盈利困难,用人方面畏首畏尾,不敢增加人力成本,从而导致养老机构人员不足、人员素质参差不齐、服务质量跟不上等系列问题。

养老产业现有基层服务人才数量严重短缺,留不住人,又难以吸引新人加入,加剧了人力短缺问题。从行业发展看,我国养老产业处于快速发展的"黄金年代",据预测产业规模到 2030 年将达到 22 万亿元,这无疑对人力需求提出进一步的要求,基层服务人员供需之间的矛盾将进一步扩大。

2. 专业技能型人才较稀缺,"金字塔"塔身仍需充实

在养老机构人力结构中,人们一般把中专以上学历的从业人员归为"专业技能型人才"。这类人才主要涵盖中专、高职及本科学历人员。

现阶段与养老服务相关的专业技能型人才在整体从业人员中的比例还较低,约占总数的 1/3。随着行业对人力实际要求越来越高,专业技能型人才中主动接受养老相关培训的比例会逐步扩大。

《调研报告》显示,截至 2019 年,约 2/3 的养老产业在职员工的学历在大专水平以下,中高职和本科毕业生分别占 22% 和 11%。另一组数据显示,45 岁以下的专业技术人员占 75%,其学历大多为"本科毕业""大专或高职毕业",两者占比达 85%;其中,接受过护理或照护相关教育的人

数占比的为73%。这说明专业技能型人才的总量不多,但呈现出年轻化和专业化的趋势。

从行业人力发展角度看,行业主管部门需制定人才引入或开发的政策,建立并扩大养老专业人才输入通道,鼓励医疗、康复、护理、药剂、营养、心理等专业人才进入养老行业,并建立跨行业转型的鼓励政策,如免费培训、行业信息咨询等。同时,有关方面可参照卫生领域专业人才的学分制管理,尽早建立养老专业领域关键岗位或专业技术人员的岗位培训积分制,鼓励专业人才和关键岗位人才的职业成长。

3. 中高端复合型人才严重短缺,"金字塔"塔尖人才需要大力培养

兼具技术和管理能力的中高端复合型人才是养老行业快速和高质量发展所必需的核心人才。

现阶段中高端复合型人才,除了部分"老民政"系统的养老机构管理者以外,多数是随着近些年老龄事业发展而新进入的管理人才。在院长或副院长级别的管理人员中,养老服务从业时间已经远远高于其他人员,但大多数是从其他专业"转行"而来的。尽管可以充分发挥他们既往工作经验和行业经验,但是养老行业专业领域的再培训同样必不可少。目前,面向养老机构的社会化培训集中于护理员入职前教育和岗上培训,但基于各级各类人员岗位胜任力研究而开展的系统化、体系化培训仍十分缺乏,尤其是针对中高端复合人才,如MBA、专业硕士、博士和博士后、养老机构职业经理人等,高等级、高质量的教育与培训几乎是空白。

令人欣慰的是,2014年6月教育部等九部门发布的《关于加快推进养老服务业人才培养的意见》(教职成〔2014〕5号)要求以院校为主的养老教育服务机构,要发挥自身优势,集中优质资源,努力在专业教育与人才培养方面做出成绩。由此,不少地区意识到培养养老服务业人才的重要性,加快了中高端人才培养的步伐,如江西、福建等省份都加大了引导社会力量、加快养老服务业人才培养的步伐。另外,上海理工大学等十余

所大学新增开设了康复工程等本科专业，以加快培养、储备行业未来的中高端复合型人才。

4. 机器替代人应发挥更大作用，分担养老人力缺口的压力

科技养老、机器替代人等，应该成为缓解养老人力缺口压力的重要途径。

第七次全国人口普查结果显示，我国 16～59 岁劳动年龄人口为 8.8 亿人，但与 2010 年相比，我国劳动年龄人口减少了 4000 多万人。"人口红利"逐渐消失，也会波及养老行业。为应对困局，我国的科技工作者需要加快开发替代人力的科技养老工具，助力养老产业。

国家有关部门已在政策上积极探寻，鼓励实用技术替代传统人工岗位，降低人力成本。2016 年 4 月，工业和信息化部、国家发展改革委、财政部联合印发《机器人产业发展规划（2016—2020 年）》，计划让机器人在 5 年内走入养老服务业。

虽然目前"智能养老机器人"尚处于起步阶段，在数量和质量上对缓解养老人才短缺帮助有限，但假以时日，类似"智能养老机器人"的新型实用技术仍然有望为缓解养老产业的人才短缺分担一定压力。

5. 志愿者服务、灵活就业推广不广泛，潜在人力需要得到释放

养老业发展成熟的国家广泛推行志愿者服务（也叫"时间银行"）和人员灵活就业。相比而言，我国尚处于发展初期，潜在养老服务人力远未得到充分释放。

"时间银行"近年来吸引了越来越多的年轻人加入，其中一部分逐渐转化为养老服务专业人员。民政部曾统计，2019 年参与过"时间银行"志愿服务的应届毕业生中有 10% 选择进入养老行业。此外，大批退休人员也从志愿者转变为居家养老服务中心的专职工作人员。

"时间银行"的创新举措释放了不少潜在养老服务人力，为解决养老

产业的人才短缺问题提供了新思路。对于灵活就业人员来说,他们在待遇和时间上拥有更加自主的选择权,更容易取得工作上的认同感和获得感;对于用人方来说,他们由于无须承担社保支出和前期的培训支出而大为降低人力成本,往往能创造出"双赢"的用人模式。

志愿者和灵活就业人员的加入虽然前景可期,但目前仍处于试点阶段,未来仍需要更多政策支持,才有可能固化为稳定可行的人力解决方案。

中编 案例分析

九如城集团：首创"四级养老服务体系"

罗 津

一、企业简介

九如城集团（简称"九如城"）是一家集医、康、养、教、研、旅相融合的康养服务综合运营商。集团起步于 2009 年，深耕养老行业十余年，用标准化的运营体系提升服务品质。目前九如城已在全国十多个省份布局，落于 60 余座城市，连锁运营养老机构及康复医院 200 余家，开设社区中心 800 余家，拥有员工 8 000 余位，设立床位 50 000 余张，每年服务百余万个家庭。自成立以来，九如城坚持将康养融合的服务理念融入发展战略中，在行业内首创"四级养老服务体系"，以城市养老综合体为资源载体，以城市养老院为运营核心，将服务延伸到社区和家庭，满足一定区域内全部长者全生命周期的养老需求（"两全"养老模式），以专业之道，怀大爱之心，安长者之福。秉承"让天下子女尽孝有道，让阳光照进长者心田"的企业使命，同行伟大时代，"光明"养老未来。

二、养老业务发展探索历程

1. 潜心笃志，三年研究

2009 年，九如城开始布局养老业务，成立集团公益基金会，启用首家尊老社,并开始研究国内外养老先进理念。2010年,九如城正式启动"基金会老年关怀计划",并深度研究国内外养老先进运营经验。2011年,九如城成立养老研究中心,组建考察团前往韩国、日本等多国考察,在国内首次提出"养老综合体"概念。养老综合体一般建设在城市周边生态环境比较适宜的地方,由养护院、医院、商业配套、体检中心、食品基地、酒店、学校、公园、公寓等组成,是一所功能复合、相互作用、互为价值链的高度集约的养老养生综合体。此后,九如城在行业内率先推出"康养融合"的特色服务,以完善的医、康、养、护资源体系作为资源支持,将康复护理和养老服务有机结合。

经过多年探索研究,九如城形成了康复中心、颐养中心、养护中心、护理中心、失智照料中心、体检中心、抗衰老中心、数据中心、研究中心、培训中心十大中心辐射区域养老服务,通过公建民营、共建民营、自建自营、委托运营等多种形式,连锁运营城市养老院项目,将养老养生融为一体,践行主动积极养老的生活方式,构建适合中国国情的全龄化社区。项目内不仅借鉴了持续照料退休社区(Continuing Care Retirement Community,CCRC)理念,覆盖独立生活区、协助生活区、专业护理区、老年痴呆照顾区和安宁关怀区等功能区,满足长者全生命周期的养老需求,还通过各类配套的综合功能,打造真正适合终身居住的适老养生住区,鼓励老中少混居,实现就地养老。

2. 凝神聚气,三年建设

2012年,九如城首个养老综合体项目奠基,这为养老行业发展提供了新方向,为更多民间资本介入养老产业提供了参照,也为我国养老事业的发展开辟了新的途径。同时,九如城也正式开启了体系建设和标准化建立阶段,逐步形成了"养老综合体—城市(乡镇)养老院—社区养老—居家养老"的四级服务模式,即以养老综合体为资源载体,以城市(乡镇)养老院为运营核心,将养老服务延伸到社区和居家;推出"两全"养老模式,即满足一定区域内全部长者全生命周期的养老需求；并于 2014 年同期成立九如养老职业培训学校，为全社会培育输送大量专业养老技术人才。

3. 井然有序，三年运营

2015 年，九如城携手复旦大学、上海中医药大学、南京医科大学等高等院校建立产学研一体化合作机制，成立"江苏经贸·九如老龄产业学院"。同年，九如城首家康复医院（国家三级标准）正式运营。康复医院作为养老服务体系中的重要技术支撑，融"医、康、养、教、研"为一体，兼管护理院，保障颐养院；坚持"大专科·强综合"的发展道路，以老年康复为主体，以医疗康复、工伤康复为两翼，积极引进最前沿的康复技术，整合康复医疗人才，构建核心老年康复体系，为广大长者提供融医疗康复、健康管理及老年关怀为一体的老年康复服务。2016 年，"苏南区域、淮海区域、苏皖区域、上海区域、珠三角区域"五大区域公司正式成立，九如城建立了城市区域管理体系，并确立了"医、康、养、教、研、旅"六位一体的养老服务运营模式。2017 年，九如城首个政府和社会资本合作（Public-Private Partnership，PPP）项目落地，首个子品牌项目"安信颐和"运营，首个旅居项目上线。

4. 推陈致新，三年超越

2018 年，九如城发布了未来三年战略规划，确定实施幸福与运营双体系并行的发展方向。同年，九如城全面开启致良知学习，全面开发心灵宝藏，把良知文化融入服务，形成幸福体系与运营体系并行的模式，由内而外，由长者到家庭，由机构到社区，由企业至行业，直至推动社会的整体进步与文明。

2019 年，九如城集团成为国家发展改革委"城企联动普惠养老"专项行动首批签约企业，中国人民保险大型保险公司委托运营项目启动运营。九如城总部正式入驻上海，开启全国连锁化布局，明确从养老到教育的战略路径,进一步夯实连锁化运营模式。

2020年,九如城积极参与新冠肺炎疫情的抗击工作,践行社会责任。作为民政部响应最早、行动最快,又是第一支进入武汉的养老支援队,九如城抗疫志愿者为202位长者提供疫情中的专业照护,为武汉市养老机构疫情防控做出示范,为行业抗疫分享武汉经验。九如城建立99数字康养平台,该平台涵盖养老、教培、旅居、好物、康复、健康、医疗、公益八大业务板块,全面覆盖老龄市场,旨在整合资源,提高效率,推动行业进步,为用户提供一个全方位、专业、可信赖的一站式养老康复服务平台。

5. 创新求变,三年引领

2021年,九如城跃居养老康复行业头部企业,积极打造学习型组织,并全面深入开展养老行业研究,为行业赋能;陆续承接广东佛山市三水区、四川成都市武侯区、江西抚州市、山东济南市和烟台市等多地"十四五"养老服务发展规划,建立积极应对人口老龄化重点联系城市机制,开展"一老一小"整体解决方案等政府委托编制和研究项目。

未来,九如城将更好发挥头部企业的引领作用,加速实现全国连锁化运营,进一步为行业赋能、为产业创新、为美好社会助力。

三、养老业务模式特点

多年来,九如城坚持"连锁化、品牌化、智能化、融合化"的"四化"发展路线,以独特的运营模式和服务特色力行正道,领跑行业。

1. 注重医养康养的深度结合

九如城所探索和实践的"医养康养融合"养老服务体系整合了养老和康复医疗两个方面的资源,提供全面和全程的持续性老人照顾服务。依托养老综合体,九如城形成以体检中心为核心的健康管理体系,以小全科、大康复、重点针对术后康复和老年慢性病诊治为核心的诊疗康复体系,以养护院为核心的针对高龄失能长者的护理体系,有效将老年基础医疗服务和健康管理体系落到实处,将老年生活照料和康复关怀相结合,将康复理念有效融入专业护理过程中,实现养老服务和医疗、康复、护理的统一,为长者提供治疗期住院、康复、护理,稳定期生活照料以及临终关怀一体化的健康和养老服务。

九如城的"医养康养"融合模式打破了目前碎片化的医养结合养老服务模式中,养老机构与医疗机构签约合作存在的经济壁垒、管理壁垒和合作壁垒,化解了连续性医养服务供给难题。老年人在康复医院、护理院、养老院各机构中可以实现无缝转诊对接,切实实现了社会资源利用最大化,将医疗、康复服务融入养老服务中,以"先康后养、边康边养"为原则,使老人得到融康复、养老为一体的服务,不仅减轻了家庭和社会负担,也有效缓解了医疗资源的压力,降低了医保支付,提高了老年人的幸福指数。

以宜兴九如城康复医院为例。该康复医院除直接为住院长者提供康复服务之外,还为综合体内的各中心提供康复服务输出和技术支撑。同时,康复医院抽调专业技术人员组成"康养融合服务小组",定期到宜兴地区综合体外的九如城城市养老院和日间照料中心,依托城市养老院和社区日间照料中心为入住老人以及在社区生活的长者提供康复治疗、家庭康复或护理指导、居家日常生活活动能力(ADL)训练、环境改造与干预指导以及社区资源使用指导等服务。

2. 注重机构与社区居家的融合

九如城以养老综合体内完备的康、养、教配套为基础,将服务链延伸到社区和居家养老服务领域,真正实现"机构—社区—居家"养老服务的无缝对接。该机构依托综合体内的康复医院、体检中心、养护院、颐养院对市场开放并通过市场化专业运营的医疗服务机构和养老机构,为长者提供专业的医疗和养护服务;并将综合体内的医养护复合功能辐射到周边社区,为周边社区内的养老服务中心、日照中心、社区康复室等提供专业的运营管理;通过 IT 信息系统和专业的服务团队,有效地将社区内居家所需要的日常服务和专业的上门服务落地,真正实现由家庭养老向居家养老的转变。

以九如城番禺综合为老服务中心为例。该项目位于广州市番禺区市桥街道大西路商业街,建筑面积约 2500 平方米,设有床位 99 张。该服务中心设有长期照护区、日间照护区、休闲娱乐区、康复训练区、护理站、智慧服务平台和居家服务平台,为失能、半失能长者提供长期照护、日间照护、居家照护等生活照料和医疗康复护理服务,满足长者机构、社区、居家多维度养老需求,提供专业、品质、尊重和贴心的养老服务;通过"三位一体"融合,建设"一站多点、医养融合、养教结合"的社区养老服务综合体。

3. 注重养老与教育的有机融合

依托九如城与江苏经贸职业学院建立的混合所有制二级学院——江苏经贸九如老龄产业学院,率先将教育引入养老机构中,建立国内第一家教育型养老机构。同时,九如城创建的九如教育融养老行业研究、康养人才培育、老年教育三大业务板块为一体,通过线上线下培训、行业论坛等活动将养老与教育进行有机融合,并践行校企人才共育,深化校企合作,有效整合培训资源及教学资源,与多所专业院校签订合作协议,积极探索和践行校企人才共育模式。学院将企业生产和养老经济转型升级带来的人才需求融入养老教学的各个环节,对适应新时代社会养老发展起到积极作用。

九如城还积极践行"从养身到养心、从养老到教育"的战略路径,通过老年教育,让长者能够终身学习,找到生命的价值;通过家庭教育、员工教育、社会教育,在全社会形成尊老、爱老、孝老的氛围,推动社会文明的进步。此外，九如城还提供子女课堂、父母课堂、家庭课堂，帮助长者建立起幸福家庭。九如城的康养中心不仅具备职前培养、职后培训养老服务专业人才的功能，同时嵌入老年教育功能，营造"在学习中养老"的浓厚氛围。

4. 注重普惠性的推广与应用

作为"城企联动普惠养老专项行动"首批签约企业，九如城积极打造优质服务，通过强化区域集中度，推动运营增效降本，为广大基层老年群体提供实惠近人的养老服务，让更多普通老年群众享受到"买得到、买得起、买得好、买得安"的养老服务，助推普惠养老稳健发展。在实践中不断创新、优化运营管理方式来提升效率，降低成本：一是集中采购，通过建立合格供应商库、公开招采平台、品质供应体系，统一规范运营类物品采购工作，提高采购效率，控制或降低采购成本；二是集中运营，以城市养老综合体为依托，以城市为单位进行集中的经营管理和运营，提升运营效率；三是数字化管理，建立机构管理系统、居家管理系统、日照管理系统、护理管理系统、智能管理系统，通过信息化助力养老服务。

5. 注重线上线下的融合

以"互联网 + 养老"模式为核心，打造智慧养老 O2O 服务平台、健康养老 O2O 服务平台，通过对社区、家庭、机构的大数据整合，进行 24 小时健康管理，从而更好地为长者提供生活照料服务。以九如城的居家养老服务平台为例，通过智能终端和热线，整合区域内养老服务设施、护理员队伍和社会资源，将城市护理院、养老院、综合为老服务中心、日间照料中心的各类专业服务延伸至社区和家庭，显著降低运营成本并保证服务质量。九如城居家养老服务平台重点打造以"服务调度、居家照料、健康服务、安全防范"为中心的智能社区居家养老服务体系，对长者服务诉求、服务调度、服务跟踪、服务评定等进行整体调度和管理，优化居家上门服务的人员派单，提升服务效率，降低运营成本。

6. 注重商业运营与公益目标的融合

九如城一直致力于用商业化的模式解决社会重大问题,提高老年人晚年生活质量,通过培育公益、传递公益、拥抱公益三条路径,在服务运营中嵌入并彰显公益价值观。九如城积极践行社会责任,在疫情防控阶段,第一时间成立养老支援队逆行武汉,并开展了"百城万院"《疫情下养老机构运营与感控管理》公益巡讲,引领行业共同提高对突发公共事件、防范意识与应急能力。同时,九如城积极参与社会公益,主动对接社区需求,配合开展社区公益课堂和爱心义诊等活动,内容涵盖健康管理、心理疏导、中医康复咨询等,为社区长者提供方便可及的品质服务。

四、养老业务核心特色

九如城在行业创新方面提出了普惠养老"2-4-6"创新体系,该体系包含"'两全'养老模式""四级养老服务体系"和"六位一体"模式,系统性地解决一个区域中长者全生命周期的养老问题,切实落实普惠养老理念,让优质养老惠及更多长者。

1. "两全"养老模式

九如城在行业内率先推出医养融合的特色服务,将康复护理和养老服务有机结合,以完善的医康养护资源体系作为资源支持,满足一定区域内全部长者全生命周期的养老需求。

(1)全区域覆盖:指覆盖机构、社区、居家的区域网络。以无锡宜兴为例,九如城于宜兴运营1个养老综合体(包含康复医院、养老院、护理院、健康管理中心等)、13个城市综合养老院、13个日间照料中心、63个居家服务站,以及1个覆盖全区域居家养老服务的居家养老平台,惠及全宜兴区域不同养老需求的长者。

(2)全生命照护:涵盖了针对活力老人养老的颐养中心、候鸟式养老的旅居中心,以半失能老人为主的康养中心,以全失能老人为主的护理院,以失智老人为主的安养中心,针对有疾病治疗及康复医疗需求的长者康复医院,针对全部老人健康管理的健康管理中心,在养老、护理、安养中心等机构还设有临终关怀中心。服务覆盖从活力老人到临终关怀的整个老年阶段。

2. 四级养老服务体系

九如城在行业内首创"四级养老服务体系",以公建民营、自建自营、委托运营等方式连锁运营城市养老院项目,并以康养综合体为资源载体,以城市养老院为运营核心,将康养服务延伸到社区和家庭,全面践行"康养综合体—城市养老院—社区养老—居家养老"四级养老服务体系。

养老综合体是整个养老服务体系的支撑,是医疗、康复、护理、健康管理、教育等的全方位资源和技术后盾;城市(乡镇)养老院是四级养老服务体系的核心服务内容,为老人打造颐养天年的机构养老服务;社区的日间照料中心将养老机构的服务延伸到各个据点,在各个站点为老人提供丰富多彩的活动和基本的康复训练;居家养老服务作为养老服务的最终端、最基础服务,服务人群最广,服务机制最灵活。

3. 六位一体创新模式

九如城率先推出医、康、养、教、研、旅相融合的特色服务,即康复医疗、健康管理、养老服务、教育培训、科研创新、特色旅居有机结合,以完善的医康养护资源体系和人才培养体系作为资源支撑,夯实科研基础,打造国内有影响力的康复技术科研及智慧养老平台,以六位一体的服务给予长者全方位关怀。

五、小结

比照不同国家和地区的养老模式经验,中国的养老问题需要中国式解决。九如城在过去 12 年的探索实践中,积累了大量成功运营的案例,已经形成了较为成熟的养老运营管理经验,针对不同层次和年龄阶段老年人群养老需要的产品模型体系也逐渐成熟,智慧养老管理与运营信息系统、康复医疗信息系统等信息生态系统日臻完善。九如城居家养老服务进行了大量的实践,对城镇养老机构、失智照顾中心、康复医院等运营管理标准和技术标准的实施进行了大量探索,对养老服务管理人员、护理人员、养老康复技术人员、长期照护技术人员的培训进行了经验总结。特别是在老年人的精神照料方面,九如城提出了"从养老到养心"的理念,强调养老服务应以需求为中心,让老年群体在照护过程中能够体验到较多的温暖和情感性互动,让老人更多地感受到"被尊重",实现"自主性"和"价值感",通过打造"长者幸福体系",传承中华孝道文化,让老年人安享幸福晚年。未来,九如城将继续推进普惠养老体系实践,积极推进数字化,研发更多符合当代长者养老需求的服务,将成功经验复制到更多的地区,惠及广大民众,担当时代责任;同时,将继续与行业伙伴分享养老经验成果,帮助养老行业真正走出一条长期的、健康的、可持续的发展之路。

复星康养：以平台思路打造"健康蜂巢"

张 超

一、企业简介

复星集团于 1992 年创立，先后投资复星医药、复地、豫园商城、复星保德信人寿等，在其大健康产业链中，覆盖了制药研发、医械诊断、医疗服务、母婴、养老服务、健康消费品等领域。复星集团自 2011 年开始关注养老产业。2012 年，复星集团与美国峰堡投资集团（Fortress）合作成立星堡，在上海投资了首个综合养老社区——星堡中环养老社区，跨出其进入健康养老领域的第一步。

复星康养集团于 2018 年正式成立，整合了复星旗下星堡、星健和蜂邻三个健康养老品牌，覆盖养老、康复、护理和照护四个核心业务。集团聚焦急性后期"预防、康复、健康管理、养老护理"全产业链，为老人提供一站式、多层次的健康养老服务，覆盖不同的护理需求，从自理到临终关怀，实现全生命周期覆盖，形成了高端养老社区或机构、国际康复护理机构、健康管理中心、社区居家照护一体化服务等产品形态。

二、复星康养业务发展过程及现状

复星康养的业务发展经历了五个阶段：

2012年7月,复星集团与美国峰堡投资集团合作成立星堡。2013年,星堡上海首个综合养老社区——星堡中环养老社区一期开业;这是复星康养旗下首个持续全程照料型养老社区。

2014年7月,星健上海总部成立,围绕"医、康、养、护"聚焦急性后期,打造社区到居家整合式康复护理联合体,自此复星康养进入医养结合阶段。2015年,首个蜂邻社区健康体验中心成立;2016年5月,宁波星健兰庭开盘;6月,星堡浦江养老社区开业。

2016年9月,复星康养发展进入第三阶段,定位强调"轻重分离"。2017年5月,星健与澳大利亚蓝宝石控股集团成立合资公司,并合作运营高端护理项目——北京星健香山长者公馆;6月,星健蜂邻首个社区照护项目——外滩长者照护之家——揭牌;9月,宁波星健兰庭项目正式开放入住。

2018年6月,复星设立复星康复养老产业发展集团,下辖星双健养老,星双健医疗、社区业务、星堡及投资咨询核心业务及平台。7月,北京星健香山长者公馆启动试运营;8月,专业"互联网+"上门照护服务平台蜂邻照护品牌上线;12月,完成星堡全资收购;2019年5月,星堡中环养老社区二期对外开放;6月,天津星健温莎长者公馆开业。

2019年,开始复星康养加速全国扩张。2020年5月,佛山禅医项目开盘,6月苏州星健长者幸福公寓开放,12月百年人寿引进战略投资签署股权收购协议(Share Purchase Agreement,SPA)……

通过十年布局,复星康养基本上形成星堡、星健、蜂邻三个品牌,覆盖活力养老社区、康复护理机构、社区居家照护的养老生态闭环,实现对老年人全生命周期一站式多层次覆盖。目前复星康养旗下总机构项目有15个,总床位数超过11 000张,居家服务中心有26家,运营满5年项目入住率在97%以上。

三、复星养老业务模式特点

养老行业在发展初期，其市场和商业模式都不清晰，除保险系始终坚持与自身保险产品紧密结合稳步扩张外，其他央企和地方国企、地产企业、民营企业进入养老行业大多根据自身优势从单点项目开始试水，通过首个项目向不同客户群体（自理、半失能、失能失智）、不同模式（持续照料退休社区、护理院、社区嵌入式养老机构、日间照料等）进行延伸，拓展边界。

经过近十年的发展，这些企业逐步形成各自的特点：有些聚焦区域，发展连锁经营；有些"十年磨一剑"，专注某一种模式，做精做专或谨慎发展；有些通过投资、收并购快速扩张，实现资源整合，四处开花。

从复星健康养老的发展历程来看，其养老业务模式具有以下几个特点：

第一，医养结合、全产业链布局形成闭环，建立起康复养老多层次服务体系，实现对老年人的全生命周期覆盖。

在过去近十年的发展中，复星康养的产品包括了持续照料社区的星堡系列、"医、康、养、护"的星健系列、深入社区居家的蜂邻系列，以及医院、健康管理中心等，每个系列均有成功运营的项目，在一定意义上，实现了产业闭环。更重要的是，各产品系列近十年的运营为复星康养建立了较完整的人才培养机制和养老运营体系，针对不同客户群体的产品完善和养老运营的可输出，让复星康养的盈利模式比较清晰。

第二，"健康蜂巢"产品将复星旗下保险、地产、医药医疗、养老保健融为一体，以平台思路构建养老业务模式。

"蜂巢城市"是通过嫁接复星全链条产业资源，提供产品与服务，主要是指不同产业的跨界实现，"健康蜂巢"围绕康养这一核心元素，融入健康医疗、养生养老及保险业务的资源，互融互通。

目前复星康养中的"蜂邻"作为"机构—社区—居家"一体化的流量入口，以社区为基地，小规模、多功能、区域性辐射，为社区家庭提供健康照护服务。小机构辐射大社区，不仅星堡、星健系列产品的功能在此平台实现，更是将其打造成社区服务的重要平台，为复星大健康、大金融、大文化产业进社区、深入客户群体奠定基础。这一模式不局限于养老运营，以平台优势实现资源整合创造利润点，缓解单个项目仅靠运营实现盈利的经济压力。

第三，投资、运营双轮驱动。

在复星的基因中，投资能力是业务战略中非常重要的一部分，"深度产业运营＋产业投资"由"后轮"投资去驱动"前轮"产业运营，这一战略在复星康养中得到了很好的实施。

复星康养的运营从一开始就站在了较高的起点上，星堡的合作伙伴美国峰堡集团旗下有三家美国最大的养老产业运营商，在美国和加拿大运营 1 000 多家连锁养老社区，有十几万会员入住，拥有 30 多年养老服务经验。经过近十年的本土化运营，星堡的运营能力和运营团队逐渐展示出其优势，已经开始对外进行第三方委托管理输出。

星堡中环养老社区的运营能力、客户满意度以及收益表现是投资板块活跃的基础，星健资本作为复星集团养老产业的投资平台，先后与美国优选医疗集团、澳大利亚蓝宝石控股集团达成合作。前者为健康机构提供管理咨询、单学科能力提升和机构整体委托管理，为个人客户提供境外就医及转诊服务；后者以高级护理和老年痴呆护理为特色，与复星共同成立合资公司，打造高端照护产品。复星康养通过资本链接各方资源，并服务于养老产业，实现了其养老业务的规模扩张、资产盘活与价值增长。

四、养老业务创新

复星康养业务聚焦医疗急性后期需求，为老年人提供整合式健康服务，覆盖自理、非自理人群，实现从养老社区、康复到照料，最后到居家和社区生活的流动，将养老业务打造成 60 岁以上老年人的服务平台；以平台模式整合复星集团资源，最大限度地提升医疗资源、社会资源及企业资源的运转效率。

整合式健康服务，这一概念将养老业务的链条向两端延伸，一端往有健康管理、预防需求的老年人群延伸，一端往医疗急性后期，有康复、护理需求的老年人群延伸，以持续照料退休社区为起点，与复星医疗互为补充，医院提供急性期的医疗服务，康养提供后期康复和长期照护，形成医生、护士、康复师、护理员、社会工作者、营养师、心理咨询、生活照护者的多元化团队，可以为老年人提供综合性服务。

养老业务通过其核心的产品闭环、成熟的团队运营能力，撬动整个集团资源、政府资源、资本市场资源以及合作伙伴资源。保险、医药、健康管理、养老运营、旅游等业务配合地产、社区开发与经营，形成独特的"健康蜂巢"平台打法。以"蜂邻社区健康服务中心"产品为入口，复星扎根于社区，提供一站式的健康生活解决方案，形成了"1＋3"的长者健康服务模式。"1"即一切以老人为核心，"3"即满足长者多样化照护需求的三大养老管家式服务，即健康管理、康复管理、照护管理。星堡所积累下来的精细化运营经验和团队让其养老业务能够有效地满足分布在各大社区的大量的客户个性化需求，使"健康蜂巢"得以落地。

以星堡的运营水准实现"健康蜂巢"平台持续的获得盈利能力，这样的商业模式有别于国内其他养老业态通过土地升值、养老运营获得收益的模式，值得探讨与期待。

五、小结

中国的养老产业处于前所未有的发展机遇期,随着老龄化进程的加快,市场规模保持相对稳定的增长态势,养老产业前景广阔,越来越多的多产业集团公司布局养老业务。复星将旗下地产、医疗、保险等板块通过养老业务予以整合,地产的建设经验、财险与寿险领域的保险配套产品、星堡的运营经验、复星医药的医疗资源,再配合复星投资的战略合作、投资并购,形成了为老年人提供整合式健康服务的产品和商业模式闭环。多功能多产业的战略思路以"蜂邻"为入口,大处着眼、小处着手,极其考验企业资源调动、内部协调的能力,这种模式为多产业集团公司的养老业务开展提供了一个新的思路。

亲和源:会员制养老社区

邱绍华 张鹏飞 罗 津

一、企业概况

亲和源集团有限公司(简称"亲和源")是一家专门从事高端养老住区投资、开发、建设、运营及养老相关产业发展,为老年人提供快乐服务、健康服务以及终身照料服务的社会企业。

2005 年 3 月,亲和源在上海浦东创立。公司融合了公益特性和感恩文化,以推动和发展中国养老产业为己任,致力于成为中国养老产业的头部品牌,成为符合时代精神、满足社会养老需求的运营者。公司以服务老年人、引领老年新生活为使命,是致力于推动当代中国养老产业发展的知名企业。

亲和源开创了一种以会员制老年社区为载体,以老年俱乐部为文化纽带、以会员理事会自治为文化核心,融居家养老、社区养老和机构养老为一体的全新养老服务模式。

代表项目有上海亲和源老年公寓。上海亲和源老年公寓作为亲和源集团旗舰店,位于上海市浦东新区康桥,于 2008 年 5 月 20 日正式开园营业,建筑面积达 10 万平方米,共有 12 栋 838 套高标准精装修房,并设置健身会所、养生餐厅、医院/护理院、度假酒店、商业街等配套设施。自 2017 年以来,亲和源老年公寓的入住率持续保持在 95% 以上。

二、亲和源的发展与现状

面对中国养老市场发展不充分、养老产业发育迟缓的现状，创业之初的亲和源致力于解决大规模、高投资的养老项目"定位"与"市场化运作"两大难题。会员制模式与经济大环境相得益彰，符合人类倾向于融入某个社群的内在心理。经过反复论证，在国外养老会员制模式经验的基础上，聚焦中高端目标人群，亲和源成功推出了符合中国市场需求的养老会员制模式，既降低了老年人品质化养老的门槛，也解决了企业回笼资金和可持续发展的问题。

亲和源创立了融居家养老、社区养老和机构养老为一体的复合式的养老住区，采用"家文化"理念、"秘书式"服务体系及"理事会"自治管理，充分尊重和保护老年人的隐私与自由，全方位提供适老化、人性化的养老服务，同时引进专业的第三方品牌服务商，将现代服务业融入传统养老业，提升了老年群体的养老生活品质，使养老在传统意义上发生了质的改变。

作为养老产业的先行者，在 16 年市场探索及开拓中，亲和源积累了丰富的实战经验，成立并发展了各类专业公司，不断扩展亲和源养老的广度和深度。现亲和源系列产品线已落地上海、杭州、青岛、海宁、桐乡、海口等多个养老住区项目，总建筑面积逾 30 万平方米，养老公寓近 3000套，顾问咨询及品牌合作项目逾百家，联盟式企业机构近百家。

三、亲和源会员制模式的特点

亲和源会员制养老模式，将会员制"文化识别"与"身份识别"的本质特征和自愿性、限制性、契约性、目的性、忠诚性等属性，与中国传统财富观念相结合。

会员制模式聚合了价值观相近的老年人群，形成了成员个体期望的老年生活圈子，较好地满足了老年人的社交归属感和生活归属感。

在会员群体的基础上，亲和源成立会员理事会，代表会员参与服务评估、服务调整、服务内容决策等自主管理事宜。

客户一次性支付会员费购买会员卡，获取会籍成为会员，办理入住手续之后，只需按年缴纳服务费就可以享受各项养老生活服务。会员卡的未使用价值根据约定可以转让或由子女等人继承。

亲和源重视老年价值的实现、倡导"养老改变生活"，以老年社区为平台，引入各种资源，将社区建设为老年教育创新基地、艺术交流大舞台、老年公益中心、生命教育基地以及养老产业创新基地等，解决了"老年价值延续"的问题，以公益与社会传承成就老年价值，实现"养老改变生活"。以优美的环境、适老的生活空间、优质的服务为基础，加上会员理事会的自主管理机制，会员能充分地享受生活、提高生命质量。

四、会员制养老模式的创新价值

经市场实践，亲和源会员制养老模式在客户层面上起到了满足品质化养老需求、降低养老成本与实现老年美好生活的作用；在企业层面上，起到了定位精准客户圈层，提高客户忠诚度，缓解投资压力，实现可持续发展的作用；在行业层面上，起到了提升服务标准，拉动投资，促进消费，带动就业的积极作用。

亲和源养老会员制模式具有以下创新价值：

1. 老年人不再是"短租客"，解决了长期权益问题

和传统的月租模式相比，亲和源会员制承诺终身养老服务。老年人通过成为会员，和亲和源公司之间形成了权利义务关系，获得了稳定的长期养老服务消费权益，完全不用担心因身体机能衰老、生病等因素而导致被回归等情况。

2. 弱化了老年人持续支付能力相对下降与服务费用逐年上升的矛盾，降低了养老消费的整体成本

大部分中国老人的收入是"非增长"性的，持续性的消费支付能力呈相对下降态势；而养老服务所需消耗的人力、物力资源价格逐年上升。这一矛盾影响了老年人对养老服务的消费，影响了生活品质。

会员制养老模式提供的是以养老服务为载体的产品，核心是为会员提供高品质养老服务。用户以远低于房产购买价格的费用成为会员，锁定亲和源房屋资源的使用权益，获得稳定的长期养老服务消费权益，和房屋资源相关的费用不再需要支付，降低了养老服务消费的整体成本。

3. 提高了企业投资养老项目的财务可行性问题，实现可持续发展

采用会员制销售模式，企业收取卡费，虽然低于产权销售定价，但仍可以获得比月费制更为充裕的现金流，能够缓解企业资金压力，利于投资成本回收，使得企业可持续发展成为可能，解决了养老项目投资财务可行性这一行业性难题。

4. 将养老服务消费的买卖关系变成了共赢共享关系

在亲和源，养老服务消费不再是简单的服务和付费的买卖关系，亲和源会员制彻底改变了这种经济上单方受益的模式。

会员卡交易是亲和源与客户联结的开始，是亲和源与客户之间养老服务关系的开始，是亲和源遵照契约精神、按照承诺提供高品质养老服务的开始，也是亲和源能够获得盈利的开始。

亲和源要想获得盈利，必须尽心尽力做好服务，以获得会员的后续年费支付。这是亲和源会员制模式对亲和源的约束，也是亲和源做好服务的经济动力。

亲和源的服务越好，会员在获得良好服务的同时，会员卡的价值越大，会员卡未使用价值的继承或转让（需根据约定）的价值越大，会员的获益越大。

会员制养老模式使得亲和源与会员之间形成了价值共享关系，企业在资源叠加、品牌建设、服务升级等方面，努力增加会员卡价值，而会员也会主动帮助企业改进服务，积极维护企业品牌形象，并广泛传播，与企业形成一种"共生"的"超级合伙人"关系，共享会员卡增值收益。

会员制模式越来越受到老年人的青睐，在亲和源老年公寓，有许多"以房养老"的客户，他们出售原来的商品住房，用部分售房款购买会员卡，剩余售房款用于理财，获取收益支付服务费用[①]。

五、小结

亲和源一直致力于倡导并呼吁老年人过"一种新的生活方式"，追求"一种人生成就感"，以及"对未来生活的美好追求"，向社会呈现出"积极的养老生活风貌、养老文化和养老理念"。

从 2005 到 2021 年，亲和源已经走过了 16 年的发展历程，经历了社会认知的转变、养老产业的变革、政府导向的发展，逐渐成为养老产业的"老字号"品牌。从"至尊老人的家"到"托付一生的地方"，"养老改变生

---

① CCTV2 经济半小时《关注"老有所养"的美好生活：老年公寓晒幸福》。

活","价值与梦想",亲和源对创造老年美好生活的探索从未止步。中国养老产业联盟、中国养老产业高峰论坛、养老特训营、上海老龄文化博览园、中印文化艺术营……亲和源在行业联合、人才培养、老年公益、老年文化建设等方面不断贡献力量,并以社会责任企业标准不断创新突破。

爱志旺:深耕社区居家养老的特色养老服务

戴 芳 彭 雨

一、公司概述

爱志旺(上海)健康管理公司(简称"爱志旺"或"爱志旺上海公司")成立于 2016 年 1 月,是中国知名品牌"旺旺集团"的神旺控股公司与日本知名养老企业爱志公司(EARTH SUPPORT)的合资公司。爱志公司在日本有约 500 个服务网点,8000 余名员工,旗下的业务包括养老院、服务型养老公寓、短期入住养老院、日间照料中心、到宅沐浴、居家养老服务、养老服务计划的制定和管理、福利用具的销售和租赁等 27 个服务项目,并拥有由专业产业医师团队组成的健康管理公司。爱志旺的服务模式和服务内容齐全,能够为具有各种需求的老年人提供一站式服务。其中到宅沐浴业务在日本市场的占有率排名第一,社区居家服务的市场上占有率排名第八。

爱志旺目前在上海有 80 余名员工,已开设自营自建日间照料中心 1 家、认知障碍干预示范点 2 处、辅具租赁服务点 9 处,服务类型包括长护险居家上门服务、到宅沐浴、日间照料中心、辅具租赁和销售、家庭适老化改造、教育培训、养老院代运营、养老咨询服务、到宅沐浴器械销售以及认知障碍干预服务等 10 类。爱志旺上海公司下设四川和山东两家分公司,并在台北市设有爱志旺台湾公司。

成立 5 年以来,爱志旺凭借其专业化的服务赢得了很好的口碑,并受到管理部门的关注。爱志旺总经理彭雨女士荣获 2020 年上海市双十佳养老服务机构管理者称号。

二、爱志旺养老业务发展及现状

1. 爱志旺居家和社区养老服务

举办日间照料中心是爱志旺拓展中国市场的第一步。日本的老龄化进程比中国早很多,爱志旺在日本的社区和居家服务领域的积累了大量的护理技术与运营经验。在对中国养老市场的前瞻性分析上,爱志旺把公司业务定位于社区和居家市场。为了让日本母公司的卓越技术和经验能够很好地应用于中国市场,爱志旺跨出的第一步是建立了一家体现日本原汁原味养老服务理念和设计的日间照料中心。其服务理念是让长者走出户外,与外界接触,维持和改善日常生活能力,并唤起长者对生活的热情。日间照料中心的内装由母公司的签约设计师提供原创设计,很多无障碍设计的细节都来源于母公司多年运营所积累的经验和知识。中心运营的独特之处是为老人提供门到门的福祉车接送服务和自动洗澡浴缸,让生活不能自理甚至有认知障碍的老年人也能够轻松地来到日照中心,减轻家属的负担。

爱志旺日间照料中心具有独特的管理体系,重视机能训练、营养和沐浴,确保老年人在爱志旺日间照料中心可以度过愉快的一天。中心引进了母公司专业的"爱志银龄体能训练指导法",针对老年人身体机能衰退的特点,配备了坐式划船训练器、腿部训练器、腹部前屈机以及卧式健身车等,指导老人进行训练,帮助老人实现站姿挺拔、提高腹部肌肉群并改善心肺功能,目的不仅在于让来到中心的老年人维持日常生活能力,并着眼对老人运动习惯的培养。

老年人的用餐由公司的营养师监制，母公司旺旺集团公司下属的神旺酒店提供。老年人在中心的淋浴和泡浴，则是在照护专员的照护下完成的，保证了老年人的安全。

爱志旺公司是上海市第一批长护险指定试点单位，是外资企业中首家获得该资质的企业。其居家养老服务的对象主要是半自理和失能老年人，为老年人提供清洁、洗浴、药物管理、自理能力训练、辅具使用以及血压等生理指征测量等42项护理服务项目。2016年10月，由于其在居家护理服务方面的专业性，爱志旺应上海市徐汇区民政局的邀请，帮助制定了居家养老护理服务技术标准流程。自爱志旺开展居家护理服务以来，其专业化、人性化的服务广受好评。服务的客户数量持续攀升，截至2020年年底，该公司已经拥有1000多位稳定客户。爱志旺的员工还在上海市徐汇区区长护险服务技能比赛中荣获一等奖。

到宅沐浴项目是爱志旺的特色服务项目，其母公司从事这项服务已经有45年之久。爱志旺将这个服务带到上海之后，曾引起《上海老年报》等媒体的关注。爱志旺到宅沐浴服务采用的是日本原装进口的全套沐浴器械，将便携式可拆卸浴缸搬到客人的床边，由3～4人组成的专业服务团队（包括专业护士）协助老人沐浴，使卧床老人能够安心安全地享受到泡澡的乐趣，也能达到身体清洁的效果，提高长者的生活品质。

爱志旺的认知障碍早期干预服务也是其一大特色。研究表明，对认知障碍症干预的时间点前移，有助于延缓症状的发展。但目前的情况是，约75%的认知症诊断发生在轻度认知障碍和中度认知症障碍之间。因此，有必要对老年人进行早期筛查，以便于老人及其家人掌握认知障碍症的预防对策，并延缓从轻度认知障碍到中度认知障碍的转变。2019年9月，上海市在28个街镇启动认知障碍友好社区试点项目，爱志旺同时入选徐汇区田林街道和虹梅街道项目实施单位。

爱志旺从日本引进了认知障碍风险精准早筛法，针对认知症障碍的发展不同阶段，提供不同的服务，包括早期精准筛查、早期非医疗干预和认知症专业照护。爱志旺还在社区开展多种认知障碍宣教活动,帮助老年人和其家人识别早期症状。早期非医疗干预主要采用头脑干预训练,其技术来源于日立集团下的日立高新公司。实践证明,爱志旺的早期干预服务收到良好的效果,使得长者得益,新华社还进行了专访和报道①。

爱志旺的辅具进社区业务也是其特色业务,这个业务是与日间照料中心同时开启的。2017 年初,爱志旺就在自营自建的日间照料中心专设了面向社区的辅具展示和试用区。"辅具下社区"是上海市民政部门为辅具推广而采取的重要举措。2017 年 10 月,爱志旺承接了虹梅街道面向社区的辅具社运营服务,开设了虹梅社区家庭生活支持服务中心,其基本理念是帮助老年人实现自立支援,积极养老。中心为社区老年人及残疾人提供一站式服务,包括辅具的展示、申请、适配和使用的评估咨询服务。辅具销售和租赁采用标准化的闭环业务流程,包括现场勘察与需求交流、需求评估、制定解决方案、方案实施以及回访和阶段性观察等环节。专业人员采用这个流程为客户提供服务,在帮助客户实现独立的同时,也与客户建立起相互信赖的关系。

爱志旺的家庭适老化改造业务是通过对长者家庭通道、门厅、起居室、厨房和卫生间等生活场所的改造,以及家具配置、生活辅助器具、细节保护等设置调整,方便长者日常生活,满足长者居住需求。在适老化改造评估师入户做实地评估给出"一户一方案"后,专业化的施工团队进行施工,其重点改造场景包括入户区域、玄关通道、卫浴等。

2. 爱志旺机构代运营及咨询服务

爱志旺还为养老机构提供专业化代运营服务。母公司为爱志旺在中国市场的机构代运营服务提供强大的技术支持。其母公司在日本各地运

---

① 潘清. 大陆养老市场吸引台企纷纷"跨界"[EB/OL]. (2021－04－17)[2021－10－28]. https://baijiahao.baidu.com/s?id=1697292831413950804&wfr=spider&for=pc.

营着多家直营养老院，积累了丰富的养老院运营经验，并形成了标准操作程序（standard operation procedure，SOP）流程保障。爱志旺的代运营服务采用的是全流程咨询服务，从协助机构的建立，到进一步优化乃至打造国际化养老示范机构。

三、业务模式特点与人才培养体系

1. 业务模式特点

日本母公司多年以来在日本国内市场积累的大量经验可以为爱志旺所用，通过熟悉中国养老市场团队的灵活运用和改良，迅速完成了海外技术的本土化的过程。

多领域经营，包括日间照料、居家服务、到宅沐浴、认知障碍干预、辅具租赁、适老化改造等，能够满足老年人社区居家养老的多种需求，提供从需求评估到终端服务的一站式服务。

标准化和个性化相结合的服务，针对长者的共性需求，通过规范化的操作流程提供标准化的服务。同时，爱志旺团队具备随机应变的能力，能够贴近长者的需求提供精准的个性化服务。

服务和产品销售的结合，到宅沐浴设备销售、辅具销售，适老化改造产品销售等。

2. 创新的养老服务人才队伍和培养体系

高素质的养老管理人才与专业化的养老服务人员队伍是提高养老服务质量的重要保障。秉承日本母公司的优良传统，爱志旺十分重视养老专业人才的培养，通过系统化的培训体系，努力打造一支有使命感且综合素质过硬的服务团队。其培训体系中包括新员工培训、岗位技能提升培训、专项培训以及管理人员培训等,采用理论知识与实践技能相结合的培训模式,员工人手一本《员工手册》,用于指导日常工作。在护理培训方面,团队凭借敏锐的专业直觉,不断吸收有关护理的新信息和新技术,并在实践中采用新方法。培训体系的构建助推了人才的成长,随着技能和服务质量的提升,员工能够不断进阶。2020 年 10 月,爱志旺举办了"山东养老人才培训会",对山东省多地民政部门的分管领导以及养老服务领域的管理人员进行了培训。讲师团队基于中日两国共同的"在地养老"文化,与学员们分享了日本养老服务体系和日式养老技术的精华。

四、小结

自 2013 年 9 月国务院《关于加快发展养老服务业的若干意见》发布后,中国养老服务业步入全面大发展时期。在逐步规范化的养老市场,爱志旺不断提升服务专业化和标准化水平的同时,将国际先进的养老理念和经验结合中国的实践不断创新,深耕社区居家养老并不断强化自身的特色,强化自身的品牌,让品牌服务深入社区和居家服务,不断推动养老行业整体水平的发展。

深圳罗湖医院集团:医养融合服务模式探索与发展

黄　丞　邱传旭

一、医院概况

深圳市罗湖区医养融合老年病医院(简称"老年病医院")是一家负责医疗管理并以养老为主的医养服务融合机构。医院拥有床位 964 张,其中以医为主的床位 102 张,具体分为安宁疗护床位、老年病床位、老年康复床位、认知障碍床位等。老年人在这里可享受到个性化的医疗和养老服务。这是全国首家以服务养老机构老年人为主的老年病专科医院,实现了医疗养老一体化基础上的老年人个性化的医养服务的融合。

二、医养融合的机遇和做法

2013 年 9 月国务院《关于加快发展养老服务业的若干意见》明确提出:推动医养融合发展。探索医疗机构和养老机构合作新模式,医疗机构、社区卫生服务机构应当为老年人建立健康档案,建立社区医院与老年人家庭医疗契约服务关系,开展上门诊视、健康查体、保健咨询等服务,加快推进面向养老机构的远程医疗服务试点。

2015 年,深圳市罗湖医院集团组建,整合罗湖区行政区划内区级公立医院(包括老年病医院)与辖区社区卫生服务中心(社区健康服务中心），进行医疗卫生服务提供体系的"医疗联合体"改革探索。

其间，罗湖医院集团敏锐地认识到：随着老龄化程度的加深，"养老院里看不了病，医院里不能养老"的矛盾极大地制约着老年人的健康需求和民生获得感。有效整合医疗卫生和养老服务资源，为老年人提供便捷优质高效的综合性医养结合服务，将成为社会应对老龄化的重要手段，同时也是医院集团的使命和担当。罗湖医院集团积极主动地响应国家政策号召，未雨绸缪，率先起步进行"医养结合"的探索。2014 年 8 月，由医疗卫生系统主导，罗湖区医养融合老年病医院挂牌，打破"民政管生活、卫生管医疗"的医养"两张皮"的格局，整合医疗卫生资源，以"医"推动"养"，通过将医院"搬进"养老院，探索"医养融合"服务模式，有力推动了罗湖养老服务行业的发展。具体做法主要体现在如下几个方面。

1. 融合管理实现机构运营一体化

在保持民政部门主管社会养老框架不变的前提下，民政和卫生部门充分整合辖区内医疗卫生资源和养老资源，公办养老机构、医疗机构、社区健康服务中心、老年人日间照料中心、居家养老服务中心等多个机构相互合作、相互融合，共同做好老年人健康和养老服务。

公办养老机构与公办医疗机构管理相结合，养老机构负责做好老年人生活照料和文娱活动等养老服务管理，医疗机构则做好老年人健康管理和健康保障等医疗卫生健康服务管理，两者相互合作、深度融合、协同发展，共同做好机构老年人"健康守门人"的角色，更好地提供高品质的健康养老服务。

罗湖医院集团分别设置了老年病医院、老年人日间照料中心、居家养老服务中心和社区健康服务中心。这四个机构运营一体化，由一套人马统一负责行政管理，既解决了医养融合机构内各单位工作脱节、管理冗赘的问题，又充分整合了人力资源，节省了人力成本，同时还减少了老年人的就医环节，促进了医疗护理及健康养老的无缝衔接。

2. 融合服务做精做专品牌

结合老年人多种疾病并存的特点,从居家到医院、从建立档案、健康体检到慢病管理直至安宁疗护,老年病医院进行了跨学科、跨专业领域的融合,提供治疗期住院、康复期护理、稳定期生活照料和安宁疗护一体化服务,促使医疗、护理、养老服务无缝衔接,保证了服务的连续性。

居家养老的老年人可通过社区健康服务中心和居家养老服务中心获得健康养老服务。家庭医生为老年人建立健康档案、开展健康体检、进行慢病管理,有需要还可由家庭医生服务队伍和居家上门服务团队上门提供家庭病床服务和家政服务;社区老年人日间照料中心为老年人提供日间照料、文化娱乐等社区养老服务;老年病医院的医护人员为养老机构的老年人提供健康教育、健康评估、床边巡诊、自备药管理和健康体检等免费的健康管理、疾病诊治和绿色转诊等一体化的服务,同时医护人员定期为老年人开展吞咽功能、压疮、跌倒等评估,病情需要时,可安排老年人直接转入老年病医院住院,做到"小病不离床,大病不出院"。

随着一体化融合模式的进一步推进,在不改变原有行政管理模式、政府资金投入和老年人收费标准(三不变)的前提下,罗湖区公办养老机构的老年人护理和膳食服务也移交罗湖医院集团管理,实现了医疗、保健、康复、膳食、护理及生活照料一体化管理,促使养老服务水平、膳食服务质量、医康养护衔接能力同时提升。

与此同时,老年病医院培养专科护士并充分发挥专科护士的作用,组建管道护理小组、呼吸护理小组、基础护理小组、静疗护理小组、伤口造口护理小组、生活护理小组、吞咽功能服务小组、安宁疗护小组等专业护理小组,为老年人提供专科护理服务;通过"互联网+护理服务",将精细化的护理服务延伸到各养老机构、居家养老老人。

针对罗湖区和深圳市老年病学科建设空白及老年人健康方面的刚需,老年病医院重点打造了"老年性认知障碍病房"及"关爱病区"两大特色病区。该老年病医院在全市率先成立老年性认知障碍病房,引进国外领先的阿尔茨海默病团队,在临床、基础研究和社区居民干预等方面开展研究,建立阿尔茨海默病标本库和诊断标准;通过认知障碍筛查、评估、随访、转诊、专科诊疗、康复护理、生活照料、音乐治疗等整合服务,初步实现了老年性认知障碍早发现、早诊断、早治疗的目标。老年性认知障碍病房于 2016 年年底开始开展辖区内 60 岁以上老年人免费认知障碍筛查,同时通过举办有关阿尔茨海默病的早期识别与干预、老年人饮食营养、失智症的照护与康复训练等内容的健康教育讲座,增强居民对认知症的了解,提升老年人的健康素养。

不断探索组建涵盖专科医生、专科护士、护理员、心理治疗师、营养医师、疼痛专科医生和临床药师等跨学科、跨领域的安宁疗护服务团队;以"敬畏生命、感动照护、人文关爱"为服务理念,设置安宁疗护床位,以患者需求为导向为疾病终末期患者提供"四全"(全人、全家、全程、全队)照顾,解决患者身体、心理、精神等方面的照料和人文关怀的问题,避免无意义的过度医疗,提升临终生命质量,让临终患者安详地、有尊严地走完生命最后的时光。

3. 融合资源助推养老服务的专业化、标准化和信息化

老年病医院融入国内外优质的医疗和养老服务队伍资源,充分利用先行一步得天独厚的优势,潜心打造能适应新时代健康养老服务的专业化队伍,并初步形成自有的人才培养体系。

应对老龄化挑战,医养融合服务标准化建设必不可少。老年病医院牵头制定深圳市地方标准《医养融合服务规范》及《医养结合质量评价规范》,为医养融合服务机构提供建设范本的同时,为评价医养结合服务机构实现质量提升及相关服务质量标准化提供了指导。另外,老年病医院参与制定广东省地方标准《养老机构认知症老人照顾指南》,为机构内认知症老年人的照顾提供了参考依据。

老年病医院对医院信息系统(hospital information system,HIS)进行升级,开发医养融合信息化管理系统,实时对老人健康状况进行监测;与中国科学院深圳先进技术研究院合作共建"医养融合运动健康技术转化基地",针对老年人的跌倒风险,利用可穿戴的移动设备,进行健康信息的采集、动态监测和干预;在床边建立健康管理移动终端,与集团检验、影像中心信息相对接,逐步完善疾病信息化管理;与深圳市大数据研究院合作建立"罗湖医院集团医养融合智慧健康养老研究中心",通过对老年人健康和服务环节开展数据收集整理,建立"老年人健康画像",开展"医养融合就诊和照护流程优化",对慢病预防、发病风险进行大数据分析,不断探索,试图更好地为健康管理、流程优化提供解决方案。

三、养老业务模式特点

1. 医养融合探索,破解养老服务瓶颈

随着老龄化程度的加深,各地养老服务业针对养老需求进行了诸多探索,但"养老院里看不了病"的矛盾极大地制约着养老业务的发展。老年病医院的主要服务对象为养老机构中的老年人,有了医疗保障,养老机构中老年人住院、护理、康复等多元化的服务需求便能得到初步满足,这就解决了养老机构老年人的健康需求和提升民生获得感的难题。据不完全统计,在老年病医院的老年护理服务对象中,养老机构的老年人占比为80%;在日常诊疗服务对象中,养老机构的老年人占比为75%;在住院服务对象中,养老机构的老年人占比为85%;在康复服务对象中,养老机构的老年人占比为80%;在转诊服务对象中,养老机构的老年人占比为96%。

截至2021年7月,老年病医院为罗湖区65岁以上老年人建立健康档案62 389人,家庭医生签约54 626人,累计建立家庭病床4 980张,开

展老年性认知障碍筛查 40 032 人次（其中可疑阿尔茨海默病 1 913 人次），初步对辖区内老人进行了健康管理。

千方百计满足老人多元化的医疗护理和生活照料服务需求，提供整合照护，着力提升临终患者生命"最后一公里"生活质量，提升临终患者的人生尊严。此举彰显和谐社会、美好中国的民生获得感，有利于弘扬和传承中华民族传统孝道，急新时代医养融合之所急，充分践行了以人为本的高尚价值观。作为老年医疗技术支持中心，老年病医院连续三个季度在全市公立医院满意度排名中居第一。"养老院里看不了病，医院里不能养老"双重矛盾的破解，成为老年病医院养老服务的鲜明特色。

2. 医养融合经验，助力制定行业标准

老年病医院牵头制定的《医养融合服务规范》（SZDB/Z 231—2017）、《医养结合质量评价规范》（DB4403/T 104—2020），从专业医疗服务的角度探索医养结合的服务标准，分别于 2017 年 2 月 23 日、2020 年 10 月 26 日正式在深圳市质量监督管理委员会官网发布。这两个规范为深圳市医养结合工作的发展提供标准化建设参考，也为行政主管部门对医养结合服务机构的监管提供了依据，有效填补了深圳市医养结合服务标准的空白；其中，《医养融合服务规范》于 2020 年 12 月荣获"深圳市科学技术奖标准奖"。

3. 医疗嫁接养老，升华集团服务品质

大型综合医院重点关注急症治疗，无法对大病恢复期、康复期治疗、慢性病和临床晚期的老人提供长期稳定的医疗服务和生活护理。部分老年人为尽量降低可能的风险，坚持住院治疗，长期占据大型医院的床位，由此不可避免地加剧了本已十分稀缺的医疗资源的浪费。与此同时，小型医疗机构由于设施不完善、医疗技术落后，又存在资源不得已而闲置的现象。

传统医院集团,多"注重医疗"。老年病医院现有思路和做法促进了中小型医疗机构承接医疗护理职能,为养老服务提供保障的同时,有利于实现资源的更合理配置和更充分利用。在国务院于 2016 年 10 月印发的《"健康中国 2030"规划纲要》中,医疗卫生服务发展的主基调由此前的"以治疗为中心"改为"以健康为中心";还有医联体、医共体等形式的强基层战略,成为国家意志下建设全民健康服务体系的最新路径。医保及养老基金的"打包支付",让居民"少生病、少住院、少负担、看好病"的医院集团发展战略,促使老年病医院全力以赴"预防为主"、关注健康,注重老年人健康教育,注重老年人健康素养提升,"医者仁心"在老年病医院得以更充分实现。

4. 创新扎实有为,成就医养国家标杆

罗湖医院集团老年病医院敢于探索,致力于满足多元化的养老服务需求,积极作为,得到了上级部门的充分认可,先后被授予"全国敬老文明号""国家首批老龄健康医养结合远程协同服务试点机构""广东省三八红旗集体""深圳市三八红旗集体""深圳市巾帼文明岗""深圳市青年文明号""深圳市全科医学创新发展簕杜鹃奖""2018 年深圳市家庭发展十大品牌项目"等荣誉,医养融合实践案例入选国家卫健委南京人口国际培训中心 2017 年公布的"中国医养结合最佳实践典型案例",医养融合工作经验入选国家卫生健康委 2019 年公布的"全国医养结合典型经验案例"。

四、小结

罗湖医院集团充分利用集团化优势,坚持"以老人健康为中心"的服务理念,积极整合各类资源,通过医疗服务"嵌入"养老服务,多方融合管理,致力打造高质量的"医养融合"服务创新模式,有效弥补了养老服务的

供给短板,更充分地满足老年人多元化的健康养老需求。他们不仅打通了健康养老的"最后一公里",还着力提升人生"最后一公里"的生命质量,大大提高了老年人生活的幸福指数,为城市公立医院集团结合当地实际、前瞻性布局医养融合创新发展积累了经验、创建了样板,为"病有良医、老有颐养"的美好梦想提供了可行的案例探索,也必将为大大提升中国特色社会主义先行示范区的品位和成色做出更大的贡献。

友康科技:以 SaaS 系统提升养老信息化管理水平

陈 泓 罗 津

一、企业概况

上海友康信息科技有限公司(简称"友康科技")成立于 2010 年,是一家智慧养老 SaaS(Software as a Service)平台服务提供商、养老平台运营服务提供商、养老服务系统集成商和民政部门数据整合商。经过十多年的智慧养老平台运营服务,该公司已覆盖上海市及周边城市的 517 余万老年人,截至目前共提供 3 100 余万次为老服务。

友康科技基于实际运营服务经验,采用互联网、物联网、大数据、云计算等技术手段,融信息管理、服务支撑、数据统计分析、服务监管等功能为一体,自主研发了覆盖为老服务全过程的"友康养老云"。友康养老云已实际应用于近百个市级、区级、街镇级智慧养老平台。

"友康养老云"和"平台运营服务"的有机结合,既能满足老年人家庭的服务需求,也能满足政府的监管、展示要求,还能满足养老服务机构的服务管理需要,在实际服务运营过程中,仍在不断优化系统功能和服务体验。

二、养老信息化建设存在的问题及友康养老云的解决手段

1. 养老信息化建设存在的问题

第一，数据呈"烟囱式"分布，互相独立，无法共享；数据标准不统一，对接困难，形成数据孤岛。

第二，单独开发一个系统，业务内容多，工作量大，成本很高；在建设过程中，数据收集难度大，协调工作量巨大；项目建设周期长，往往跟不上政策变化或业务发展的速度，导致建设结果与实际需求不匹配，对于更新的需求，又要重新立项。

第三，日常维护缺少专业的 IT 运维人员；系统功能无法持续迭代更新，一旦政策发生变化或业务内容发生变更，系统功能跟不上实际应用需要。

2. 友康养老云解决问题的手段

友康养老云是依托新一代 SaaS 技术而搭建的智慧养老服务平台，是一种创新的智慧养老平台模式和形态，是传统点式定制开发模式的升级版，它融信息管理、服务支撑、服务结算、数据统计分析、服务监管等功能为一体，覆盖为老服务全过程，全维度整合养老服务资源，可以进行各种维度的统计分析，以服务的形式提供一站式服务平台、一站式综合监管平台。友康养老云可实现如下八大系统功能。

（1）基础数据管理：管理老年人基本信息、标签、补贴，以及活动记录等相关信息，可扩展到对残疾人、社会救助以及优抚人员的管理。

（2）养老机构设施管理：管理养老机构、各类社区设施基本信息，养老机构入住老人记录管理。

（3）服务项目管理：供应商、服务人员基本信息管理，服务项目基本信息管理，供应商的老人服务记录管理。

（4）活动管理：社区设施活动信息管理、签到记录管理。

（5）智能管理：敬老卡、签到 POS 机，可集成可穿戴设备、第三方健康、安防智能设备数据。

（6）政策资讯：政策、新闻资讯发布，审批管理。

（7）养老顾问：养老顾问点、养老顾问人员基本信息管理，老年人、政策、项目、设施智能匹配。

（8）志愿者（老伙伴）：志愿者、志愿者组织、服务老年人、服务记录管理。

除了上述功能之外，友康养老云仍在根据实际需求情况，不断迭代更新，增加更多的新功能。

3. 友康养老云可实现的目标

（1）整合数据资源：通过友康养老云可以整合上至国家层面、下至街道社区的各级为老服务政策、服务内容、医疗机构、养老机构、服务商、社会组织、服务人员、志愿者等养老服务资源（如国家级、京津冀/长三角/大湾区级、省/市/区/县/街镇级等），为解决老人和养老资源的最佳配置，满足老年人多层次、多方面需求提供服务支撑。

（2）延伸社区养老服务设施的服务半径、提升服务能效：通过友康养老云整合的养老服务资源在统一梳理后可形成"养老服务菜单"，老年人可按需求在"菜单"上挑选服务，形成符合自身需求、个性化的"养老服务包"，经预约后由社会组织或服务人员上门提供服务。这一做法打破原先各服务设施有一定覆盖范围的物理空间限制，延伸了服务半径。同时，友康养老云还可对服务组织/服务人员通过信息化手段进行管理，进一步释放并提升其服务能效。例如，提供居家养老服务的社会组织可通过平台对服务需求进行工单化管理，经科学排班减少服务人员在来回路上消耗的时间，增加当日的服务时长，以提升服务能效。

（3）加强政府对机构、设施和购买服务的综合监管：通过友康养老云，首先，对所辖养老机构的各类床位进行动态管理，既方便政府第一时间掌握各机构的床位使用、空置和运营状态，也便于有需要的老年人能够及时了解、申请和入住，满足其服务需求。其次，加强对养老机构及社区养老服务设施的监管，使政府实时掌握各机构、设施的运营状态（入住老人数、服务人次等），为服务补贴的发放与结算、对服务运营方或服务人员的考核、对服务过程的监管提供数据支撑，促进服务资源的优胜劣汰，保障政府购买服务的质量，保证老年人满意。最后，采集各机构、设施的服务人次并统计社会组织所辖服务人员/志愿者的服务情况，进而掌握政府所购买服务的实施状态，为项目评估、考核和结算提供数据支撑，加强对服务项目的监管，并通过大数据统计分析为后续政策的制定、调整和补贴的申请提供依据。

（4）加强养老服务信息共享，推进养老服务一体化建设：通过友康养老云实现养老服务大数据的"上下通"（上对接国家/省/市平台，下对接区/县/街镇平台）、"左右联"（人口、长护险、金融等相关养老服务业务系统），加强养老服务信息共享，既可将服务资源进行共享推广，也可以引入第三方先进的、有优势的服务理念，有效推进养老服务一体化建设，提升老人养老的幸福感。

三、友康养老云的创新价值

1. 数据无障碍互通，更新快捷及时

采用统一数据库，保障各平台之间的数据共享；标准化数据接口，与各类第三方平台对接，保障数据及时更新和同步；最大限度地避免烟囱式项目的存在，纵横方面均双向数据打通，使上级部门及时掌握基层数据，便于决策；基层部门实时监控养老供需的工作品质与动态；横向部门数据

共享,加强协作。

2. 功能模块化,使用灵活高效

所有服务功能均作模块化处理,各类系统功能类似乐高积木原理,采用同样标准的架构开发完成,可灵活进行组合,从而可按照用户需求形成个性化的应用系统。通过友康科技多年的养老平台技术研发经验与养老服务运营经验,现有基础功能模块已基本上可满足需求。也可按照用户个性化需求进行新模块定制开发,完成后新模块将加入特色增值模块库,共享给所有用户使用。

3. 降低成本,提高能效

友康养老云基于云平台模式,可快速定制开发及部署,缩短项目建设周期。与传统系统建设相比,采用云平台模式,可减少硬件投入,减少软件重复开发,节约 90%的成本;同时可以大幅度提升为老服务的能力和效率。

4. 持续增值,永不淘汰

友康养老云根据政策变化,持续迭代上线新的特色功能模块,所有用户均可同步使用,不因地区差异或政策变更而导致无法使用。

四、小结

提升养老信息化管理水平,很重要的一个前提便是打破区域数据壁垒,建立共享数据平台,整合养老资源,形成养老信息互联互通。使用 IT 技术构建 SaaS 平台——友康养老云,是提升养老服务区域协同能力,消除发展障碍的很好的解决措施。友康云在上海、安徽池州等地的养老应用中经受了实践的检验,并在进一步迭代升级和优化。

上海市长宁区：
深度老龄化城区老年认知障碍友好社区全域覆盖

罗　津　李自才

一、政策引导，助推认知障碍友好社区落地生根

上海市长宁区是第二批全国居家和社区养老服务改革试点优秀地区，也是较为典型的深度老龄化中心城区。截至 2020 年年底，全区户籍老年人口有 22.42 万，约占户籍人口的 39.1%，高于全市平均水平；80 岁以上高龄老年人口占区总人口比重为 6.9%，位居上海全市首位。

长宁区民政局坚持"以人民为中心"的发展理念，率先实现老年认知障碍友好社区建设全域覆盖，通过"政策引领、专业评估、阵地建设、制标贯标、多元参与"，探索建立全市首个老年认知障碍友好城区，积极构建与具有世界影响力的"国际精品城区"相适应的"大城养老""长宁样本"。2020 年，长宁区"打造长宁特色的老年认知障碍分级照护体系"项目获评首届上海社会建设和基层社会治理创新项目。

2018 年以来，长宁区以开展第二批全国居家和社区养老服务改革试点为契机，在江苏路、华阳路、虹桥、新华路、北新泾 5 个街道率先开展老年认知障碍友好社区试点工作，出台《长宁区认知症友好型社区建设行动计划》《关于进一步推进长宁区老年认知障碍友好社区建设工作的通知》等配套政策。市、区两级福利彩票公益金对"老年认知障碍友好社区建设试点"的项目经费给予保障，累计投入资金 550 万元，为长宁打造全市首

个老年认知障碍友好城区厚植了优势。

二、专业评估，摸清认知障碍友好社区服务底数

如何精准聚焦老年认知障碍患者和家庭？破题的一大关键是政府部门与专业机构、社会组织间的积极联动。上海市精神卫生中心专家经反复论证，为长宁三个试点街道制定了三个不同环节的筛查测试，包括第一环节用于家庭自查的 AD8 量表和改进而成的脑健康自评问卷，第二环节使用的蒙特利尔认知评估量表，即"MoCA 量表"，以及被 MoCA 测评为高风险对象后的第三环节，即全科医生和专科医生的分步诊断，由此才能确定患者究竟属于哪一种认知障碍。

2018 年以来，长宁区选取了 5 个试点街道约 3 万名老人进行了 3 种不同方式的认知症筛查摸底，建立认知障碍健康大数据，得出 7.2% 的发病率，为建立服务体系提供支撑。

三、阵地建设，完善认知障碍友好社区支持功能

为了更好地体现友好社区建设对家庭的支持功能，各试点街道依托社区综合为老服务中心等载体打造"记忆苑""记忆家"等社区认知症家庭支持中心，引进尽美、颐家、新途等认知照护领域专业社会组织以认知障碍为主题开展筛查、咨询、活动体验、社区干预等服务，为认知障碍老年人及其家庭提供服务和支持。同时，根据老人身体状况和实际需求，提供相应的照护建议、专业服务的转介对接，有效整合长护险、认知障碍照护机构、适老化改造、康复辅具社区租赁、养老顾问等政策资源的联动。

家住江苏路街道的张阿姨的父亲就是这样一个例子。老人今年 96

岁,在第一次的筛查中确诊患有认知障碍。老人块头很大,家里人为其擦拭、翻身、更换纸尿裤时老人却不配合,家人虽然理解,但也感到身心俱疲。居委会和来自专业照护机构"颐家"的社会工作者上门评估后,为老先生顺利申请了长护险,享受起专业的居家照护服务,家属们也通过参与社区的培训提升了居家照护的能力。

"慢慢地老父亲的精神状况好了起来,他知道上门服务的工作人员对他好,总会把好吃的东西留给他们。"张阿姨说,自己深知照护认知症老人的不易,但是政府部门选择直面和解决这个难题,让家属们倍感欣慰,也看到了希望。"即便有一天我也患上了认知症,也可以安心在社区生活。"

试点以来,长宁区对建档的 431 户认知症家庭开展了 1 000 余次个案服务;开展各类科普宣传活动 101 次,发展 574 名认知障碍志愿者,覆盖范围达 11 500 万人次。

四、制标贯标,提升认知障碍友好社区建设效能

为了找准友好社区建设的"参照系",2019 年 9 月 21 日,长宁区在全市首发《长宁区老年认知障碍友好社区建设标准》;2020 年 6 月,长宁区在全国率先出台《长宁区社区和居家认知障碍照护规范》,填补该领域标准空白,对社区和居家认知障碍照护贡献长宁"标准"。同时,结合友好社区全域覆盖,长宁区还发布了《长宁区老年认知障碍友好社区建设实践指南》,将试点成效提炼总结,细化友好社区建设主要内容、建设工具和服务案例,梳理了各街镇友好社区建设的资源链接,为各街镇开展友好社区建设提供工作指引。

持续健全的标准体系直接推动了认知障碍的社区支持服务,也让更多老年人从中受益。今年 91 岁的周老伯在"虹桥·记忆家"认知症友好社区参加认知障碍干预训练。尽管老人因为听觉受损,影响认知能力,难

以参与小组成员的畅谈，但周老伯喜欢动脑，在"记忆家"的小组训练中各种刺激性游戏有效回应了他爱动脑的需求。每次小组训练，周老伯雷打不动地坐着电动轮椅独自前来，周老伯的妻子在微信里告诉社会工作者："他就算忘记去其他地方，也不会忘记去'记忆家'。""记忆家"努力为认知障碍老人构建合适的人际交往空间，通过一定的干预训练和社会交往，帮助他们延缓病情发展。

五、多元参与，激发认知障碍友好社区内生动力

为进一步巩固友好社区建设全域覆盖成果，推动全市首个老年认知障碍友好城区行动，长宁区于2020年6月成立了老年认知障碍友好城区建设工作组，搭建跨界合作交流的平台，健全老年认知障碍友好支持网络。

为了扩大社会参与面，形成社区长效支持机制，各试点街道还广泛宣传动员，引导区域内志愿者、各类企事业单位参与，建立一批"认知症好朋友""友好大使"等关爱队伍。

2021年3月，长宁区发布了老年认知障碍友好城区行动计划，落实成立首个老年认知障碍专项基金、制定友好城区标准等"九项任务"，以福彩公益金投入撬动社会资本进入老年认知障碍照护领域，持续营造共同关爱认知障碍群体的友好氛围。

上海虹桥街道昆曲演员赵津羽就是认知症友好大使，她邀请有关专家共同编排开发了有助于认知症预防和干预的手脑激活训练的昆韵手指操，并和尽美一起把它落地为系列工作坊的形式带给长者。不停留于一次性的活动，而是让长者真正得到持续性的锻炼，得到不一样的乐趣。赵老师的工作坊目前已经开展了多次活动。兰花指、兰花掌、兰花拳、剑指……赵老师耐心地把每一个动作教给大家。

推动老年认知障碍友好社区全域覆盖，打造老年认知障碍友好社区是践行"人民城市人民建，人民城市为人民"价值理念，也是积极应对深度老龄化、破解"大城养老"难点的重要举措。从全链条照护服务，到全域化推进友好社区建设，再到全社会共同传播和倡导友好化的理念与价值，长宁区的探索和实践为上海"大城养老"模式持续贡献"长宁智慧"，持续推动老有所养向"老有颐养"转变，让老年人有实实在在的获得感和幸福感，提升大城养老的温度和精度。

六、小结

根据统计，随着老人年龄的上升，其认知障碍上升很快。中国 65 岁以上的老年人的阿尔茨海默病患病率约为 5%，而 75 岁以上的患病率接近 12%，85 岁以上患病率高于 30%。全球阿尔茨海默病及其他失智症患病人数目前总计约 4 380 万，而中国失智症患者达到大约 1 500 万，接近全球失智症患病人数的 1/4。研究发现，对于阿尔茨海默病的早期评估和早期干预，可以减少 30% 的发病人数，延缓发病 5 年，降低发病率 50%。

上海是中国老龄化程度最高的城市，长宁区高龄老人位居上海全市首位。在这种背景下，长宁区率先建设覆盖全区的老年认知障碍友好社区，通过政策引领、专业评估、阵地建设、制标贯标、多元参与，取得了显著的成效。这项工作意义重大，其持续高质量推进所积累的经验对整个上海乃至全国都具有极其重要的价值。

北京市朝阳区：集中式居家养老试点[①]

罗　津

一、北京集中式居家养老政策探索历程

社区居家养老服务总需求量大而单一社区需求量分散，难以发挥规模效应，从而制约了社会化养老运营机构介入的积极性。针对这一难题，近年来北京市积极探索集中式居家养老社区建设与运营，取得了一些值得借鉴的经验。

早在 2016 年之前，北京市就开始筹措共有产权养老服务设施试点项目，经反复论证，北京市民政局、北京市住房和城乡建设委员会对外发布了《共有产权养老服务设施试点方案》（简称《试点方案》）的通知（京民福发〔2016〕73 号）。《试点方案》提出探索推动"居室分割定向出售、公共服务空间持有经营、限龄人群居住"的养老设施服务模式。

在共有产权养老服务设施试点基础上，正式提出共有产权试点的文件是《2016 年北京市民政工作要点》。该文件正式提出，要探索推进共有产权养老服务设施试点，试点建设适老社区。

2019 年出台的《北京市促进养老领域消费工作方案》表示，民政局将会同市发展改革委、市财政局等部门出台集中式居家养老服务社区扩大

① 本文部分内容参照了左路的《解读北京集中式居家养老机构试点》，网址：https://zhuanlan. zhihu.com/p/351393798，以及《国内首个集中式居家养老社区试点项目运营一年了，老人们日子过得咋样》，北京日报客户端，2018 年 12 月 12 日。

试点的长效政策。《2019 年北京市养老服务工作要点》明确提出，推进集中式居家养老项目建设，出台集中式居家养老服务设施建设和运营监督管理办法，推广共有产权养老服务设施试点经验。

2019 年年底，北京市民政局出台的《关于加快推进养老服务发展的实施方案》(征求意见稿)明确要扩大集中式居家养老机构试点。通过采取协议出让土地等方式，支持利用国有存量土地、国企自有土地建设集中式居家养老机构。

2020 年 5 月 18 日，北京市人民政府办公厅印发《关于加快推进养老服务发展的实施方案》的通知(京政办发〔2020〕17 号)，该文件提出扩大集中式居家养老机构试点，集中式居家养老机构应配建养老院和社区卫生服务中心(站)、餐厅、配套生活服务设施可单独办理市场主体登记手续。经民政部门核定的集中式居家养老试点机构视同养老机构享受水电气热居民价格和运营补贴，参照居民住宅实行房屋公共维修基金制度。由社会资本主导建设的非公益性养老服务设施和试点建设的集中式居家养老服务设施，以有偿使用方式供地，鼓励优先以租赁、先租赁后出让、作价出资或入股等方式供应。对以有偿方式供应的养老服务设施用地，出让底价可按不低于所在级别公共服务用地基准地价的 70% 确定。

2020 年 5 月底，北京市民政局印发《集中式居家养老服务社区扩大试点实施办法(试行)》，开启了集中式居家养老机构(共有产权养老)试点的复制和推广工作。集中式居家养老服务社区是由建设单位按照相关规定，在国有土地内建设的包含养老单元、养老服务设施用房、管理服务用房和社区生活性商业配套用房的综合性养老服务社区。这个概念与持续照料退休社区强调的复合式老年社区基本上是一回事。

《集中式居家养老服务社区扩大试点实施办法(试行)》的出台，是在《共有产权养老服务设施试点方案》的落地实施和实践经验基础上进行的总结，特别是对试点项目建设单位的要求、土地规划及供应要求、设施建设标准等方面进行了非常详细的规定。集中式居家养老机构试点项目的土地规划用途可确定为其他类多功能用地，突破了养老设施仅可从社会福利用地中规划的限制，设施建设也由单体的养老设施拓展为涵盖养老设施单元、养老服务设施用房、管理服务用房和社区生活性商业配套用房等，同时须配套医疗机构。

二、朝阳区双桥恭和苑养老服务项目的实践

北京市朝阳区双桥恭和苑养老服务设施项目位于朝阳区双桥西巷6号，建设单位为乐成老年事业投资有限公司，运营商为恭和苑养老机构管理有限公司。该机构的总建筑面积为 49 120 平方米。项目建设内容包括养老设施居室、医务室、养老机构（医疗/养护中心）、活动室、餐厅等。养老设施居室共有 365 套，面向社会老人出售，恭和家园（养老机构）有护理室 39 间，单人间 10 间，双人间 29 间，共有 68 张养老床位。项目拥有近 3 000 平方米的医疗卫生站，设有全科门诊、中医门诊、康复门诊、药房为老年人提供基础医疗保障，满足住户日常基本诊疗、开药等服务需求以及 24 小时紧急医疗救护服务；2 000 平方米的室内节庆长廊，配套设计了恭和餐厅、书画、阅览、电影、卡拉 OK、手工区及室外门球场。

项目地块为乐成老年事业投资有限公司于 2010 年 9 月 30 日以协议出让的方式获得，土地性质为 50 年产权的医卫慈善用地，规划建筑面积为 29 480 平方米，土地成交价为 2 452 万元。

2015 年 10 月获准调整控制性规划，土地转性为综合（养老及医疗用房）、地下车库。

2016 年 4 月 7 日取得预售许可证，准许销售面积为 36 682.32 平方米，可销售养老公寓有 365 套，销售均价为 45 448 元/平方米；另有车位84 个，销售均价为 3 842.39 元/平方米。

项目于 2017 年 6 月 10 日开始认购，至 2017 年 9 月 23 日累计签约143 套，共计成交 177 套，成交均价为 41 529 元/平方米，12 月一期交房入住。二期于 2018 年 3 月入市，官方公布的价格为 55 000 元/平方米，成

交均价约为 52 000 元/平方米。

根据销售人员介绍,双桥恭和苑在售楼栋为精装一居室,房屋面积为 80～82 平方米,总价约 400 万～410 万元,房屋产权为 50 年,可以贷款 10 年,首付 50%,不占贷款记录,需审核北京购房资质但不占用购房指标,此外还需缴纳基础养老服务费 3 080～3 280 元/月(含物业费)。目前购房者多为认同养老机构专业服务或为父母买养老房的中年人,入住者为老年人,整个公寓的入住率达到了 60%。

作为国内首个集中式居家养老社区试点项目,从 2017 年年底开始至 2018 年年底运营一年的情况看,已入住 90 户共 151 位老人,平均年龄为 78 岁,非自理老人占比为 11%。根据调查反馈,入住老人满意度高达 93%,子女满意度高达 95%。

国内其他养老机构有些是要一次性先交几十万元乃至数百万元押金,有些虽然是按月交养老服务费,但每年房租都在上涨。面对这两种情况,老年人要么负担不起或很难接受,要么因为预期不明确而心里没底。双桥恭和家园不同,这里的最大特点就是入住老年人的房子有自己的产权证;养老企业与购房者分别按照 5% 和 95% 的比例共同持有房屋份额。当然,为了保证享受了优惠用地政策的宝贵资源真正用于养老,这里规定每个养老居室内必须有一位年满 60 岁及以上老年人居住,并在民政部门登记备案,且不论今后房屋是转让还是出租,都必须保证入住的是 60 岁以上的老人。

此外,这里的养老服务收费比较亲民,每月 3 000～3 300 元的基础养老服务费还包含了物业费,低于北京市企业退休人员基本养老金的平均水平。

三、小结

集中式养老社区至少在五个方面值得肯定:第一,它在经济学上符合规模经济效应,破解了社区居家养老需求分散,自然社区服务的门槛人口不足问题。第二,它解决了中国老年人对不动产特殊的偏好问题。前些年一些地方尝试的倒按揭之所以接受度很低,就是老年人觉得自己的房产被抵押给银行或保险公司等金融机构以后,自己的所有权丧失了,心里不踏实。至于让老人把自己的房产完全售卖,拿售房款去养老,接受度就更低了。与上述不同的是,集中式养老社区相当于让老年人搬了一个家,产权基本上还是自己的,并且将来可继承,也可以出售。北京市的试点方案为建设单位所持产权份额为5%,购买人所持产权份额为95%,老年人占有绝大部分产权。第三,化解了养老机构投资回收过长,投资积极性不高的难题。建设单位可以快速回收资本,也在一定程度上消除了养老机构非法集资的风险。恭和家园"服务＋产权"的养老模式,其实就是"养老＋资产",在激活养老需求的同时帮助老年人解决资产配置问题,在模式上具有创新性。第四,价格上有优势。由于可以享受"土地出让底价可按不低于所在级别公共服务用地基准地价的70%确定",集中式养老住房的出售价格一般比同样地段的商品房低。第五,有利于盘活存量土地资源。多年来,各地许多企事业单位拥有的不少土地资源没有得到有效利用,基本上是以沉没成本的形式闲置。北京市在发展集中式养老社区政策设计上,允许以往的各类土地变性用于养老,并且允许建设包含养老单元、养老服务设施用房、管理服务用房和社区生活性商业配套用房(如社区商业、停车库等),乃至幼儿园的综合性养老服务社区,这使得有关主体有较强的动力将闲置土地转向集中式养老社区的建设和经营,对化解养老难题具有积极的意义。

下编　政策分析

养老政策综述

张国安

一、从出台政策的背景看，不同时期的养老政策主导着养老服务的转型发展

养老服务产业的正外部性、非营利性与市场性并举的特点，决定了发展养老服务产业必须发挥政府主导作用。在政府主导下，政策的引导和扶持成为推动养老服务产业发展的"无形之手"。

长期以来，我国养老服务发展不平衡、不充分问题比较突出，与满足老年人美好生活需要存在较大差距；要切实解决养老服务不平衡、不充分问题，必须不断适应市场需求，开放养老服务市场，打造公平竞争的市场环境，推动养老服务供给侧结构性改革，加大技术、资金、优质人才等要素投入，增加养老服务供给总量，优化供给结构，改善供给质量。这成为70年来我国养老服务政策的主旋律。图1为1991—2020年我国养老政策发布数量趋势图。

在政策驱动下，我国养老服务产业发展经历了三个阶段：1949—1993年为起步探索阶段，以机构集中收养为主要手段，在城市以社会救济为主要方式，在农村以"五保"老人为服务对象。1994—2012年为初步市场化阶段，仍然以机构建设为重心，但经营模式向公建公营、民办公助、民办等市场化经营的新型模式转变，居家和社区养老的发展开始被纳入政策的视野。2013年至今为转型发展阶段，2013年9月国务院《关于加快发展养老服务业的若干意见》对加快发展养老服务业做出了系统安排，是指导

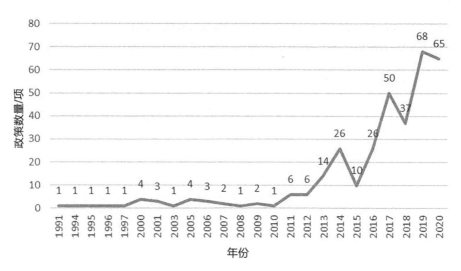

图 1　养老政策发布数量趋势

今后一个时期我国养老服务业发展的纲领性文件。以此为节点，我国养老服务也迈上了新的转型发展时期：由重机构建设向重服务转变，向重居家与社区转变，着力进行结构调整，并开始针对重点、难点、堵点问题精准化推进解决。

经过 70 年的养老服务体系建构，我国养老服务对象由城市"三无"老人转向全社会老年人，养老格局设计趋向普惠型，国家、家庭、社会组织、企业等社会各方面力量开始共同承担养老服务供给，养老资源供给趋于多元化，养老服务体系信息化不断加快，新型业态不断涌现，初步形成了"以居家为基础、社区为依托、机构为补充、医养相结合"的养老服务体系。

二、从政策聚焦的主题内容看，七大主题各有侧重地发力破解行业问题

养老产业是以保障和改善老年人生活、健康、安全以及参与社会发

展,实现老有所养、老有所医、老有所为、老有所学、老有所乐、老有所安等为目的,为社会公众提供各种养老服务及相关产品的生产活动集合。

养老政策为养老产业发展提供支持,因此政策内容必然围绕养老产业范围展开。一个框架完整的养老政策体系在主体上要覆盖老年人全生命周期,为处于不同健康状态的老年人制定有针对性的政策以推动养老产业发展,包括为健康活力老年人提供老年健康促进与社会参与、为尚不需要养老服务但受疾病困扰的老年人提供老年医疗卫生服务、为需要养老服务的老年人提供老年照护服务,同时兼顾老年教育服务与其他养老服务;此外,还要从社会保障、金融服务两个维度,为老年人建立灵活、方便、多层次的养老支付政策支持体系;从养老科技和智慧养老服务(简称"养老科技")、用品和设施、养老教育培训和人力资源服务(简称"养老专业教育")三个维度建立技术支撑、物质条件、人才队伍的政策支持体系。我国养老政策模块划分如图 2 所示。

图 2　养老政策模块划分

从我国历年养老政策发布数据统计来看(见表1),老年社会保障、养老照护服务政策数量居多;其次是养老宏观管理、养老科技、老年用品和设施、老年医疗卫生服务、养老金融服务、养老专业教育;老年健康促进与社会参与、其他养老服务政策相对很少,可以暂时不予关注。考虑到养老公共管理、综合性宏观管理相关政策内容可以分解到各业务主题,本编后续着重对老年社会保障、养老照护服务、养老科技、老年用品及设施、老年医疗卫生服务、养老金融服务、养老专业教育七大主题进行详细解读,这里仅做简要介绍。

表1　养老政策在宏观管理十七大主题中分布

单位:项

专题	政策数量
老年健康促进与社会参与	4
其他养老服务	4
养老教育培训和人力资源服务	12
养老金融服务	14
养老科技	29
老年用品和设施	37
养老宏观管理	38
老年医疗卫生服务	38
老年社会保障	73
养老照护服务	85
总计	334

养老照护服务方面,政策设计适应市场需求,渐成体系。"十三五"以前,政策重心明显偏向机构养老。注重加强宏观规划,回答了服务谁、提供什么样服务、谁来提供服务、如何提供服务四个问题;鼓励社会化、市场化,构建多元化服务体系,先后从机构照护服务、居家和社区照护服务两

条线推进改革试点;以开展服务质量专项提升为抓手,大力推进标准化、规范化,助力建设形成"以居家为基础、社区为依托、机构为补充、医养相结合"的全国模式。

老年医疗卫生服务方面,政策沿着健全医疗体系和促进医养结合两条线推进。通过宏观政策规划明确目标与任务,加大老年医疗卫生资源投入,针对突出问题出台专项政策,构建起包括保健、预防、治疗、康复、护理和安宁疗护的综合性、连续性的老年医疗健康服务。"十三五"以来政策重心转向医养结合,连续出台指导性意见推动医养结合试点,探索医养结合体制改革,建立健全医疗卫生机构与养老机构合作机制,旨在建成医养结合、规范发展的健康养老体系。

老年社会保障方面,政策目标是要建成"覆盖全民、城乡统筹、权责清晰、保障适度、可持续的多层次社会保障体系"。我国老年社会保障分为三个层次:养老保险为核心,以让所有社会成员公平地分享养老保障为基础,在此之上构建差异化职业福利制度;老年社会救助帮助兜底线,针对失能、特困人群提出"应救尽救、应养尽养"目标;老年社会福利持续加力,并走向普适化,帮助提升老年人生活质量。政策关注焦点在于老年社会保险,目前已初步搭建成以基本养老保险为主、以年金养老保险为补充、以商业养老保险为辅的"三支柱"养老保障体系,但总体来说老年社会保障的体系制度仍在不断优化、调整中。

养老金融服务方面,综合性政策和专项政策相结合,近几年的政策力度明显加大。首先,政策注重引导社会、民间资本进入养老服务领域,鼓励养老行业开展投融资创新,重视建设养老金融服务支撑体系。其次,围绕"增加融资可得性"和"降低融资成本"两个维度,破解养老产业发展过程中的金融服务瓶颈。最后,政策鼓励金融产品和服务创新,加大养老保障和专业化金融产品供给,丰富以商业养老保险为首的非银金融产品和服务,有关保险机构适应社会需求,适时推出了"个人税收递延型商业养老保险"和"老年人住房反向抵押养老保险"。

养老科技方面,过去十年政策供给的力度明显加大。头五年,政策以加强养老信息化建设为主,并指定机构推进物联网等示范试点工程;后来,政策的重心是将智慧健康养老作为一个产业,出台了一揽子政策。通过出台《智慧健康养老产业发展行动计划(2021—2025 年)》(工信部联电子函〔2021〕154 号),从智慧健康养老的任务、要素、机制、能力、目标等方面开展顶层设计;以高频度政策为牵引,从产品端、应用端、服务对象端强化技术研究和推广,形成可以复制推广的试点示范建设流程运作规范。同时,政策还关注解决老年人面临的"数字鸿沟"问题,重视出台行业标准,为智慧健康养老的成功模式向全行业、全国性推广铺路。

老年用品和设施方面,政策设计沿着老年人设施和老年人用品两条线展开。老年人设施的标准化体系较为完备。近几年为迎合居家养老为主体的模式,政策重心向居家及环境适老化改造转移,政策要求强化养老设施的布局规划,兼顾城乡建设、特困人员救助,并通过建立"四同步"机制深化"放管服"改革,将设施建设与养老服务有机串联。康复辅助器具是老年用品政策的核心关注点,政策激励康复辅助器具产品技术创新以带动老年用品产业发展;同时,政策要求建设良性竞争的市场机制、推进老年用品标准化体系建设,以构建先进的、多样化的老年用品体系。

养老专业教育方面,政策设计主要围绕养老人才培养和老年人教育两条线展开。前者要求政府、院校、企业多方联动,形成多渠道、多层次、体系化的养老人才培养支撑体系,政府层面从宏观政策到配套规范,直面人才短板尽可能地提供政策保障,要求院校集中优质资源,积极培育养老专业教育人才,同时鼓励企业加大投入,企校合作紧密融入养老产业链。老年人教育方面,综合性政策与专项规划相配套,力求扩大老年教育资源供给、平衡老年教育发展水平和地区差异、规范老年教育内容,将老年教育纳入养老体系建设规划,通过发布老年教育专项规划,以期形成中国特色老年教育发展的新格局。

三、从政府的产业职能定位看,政府与市场的关系更加明确

以往政府通过建设公办养老机构直接提供养老服务,但事实证明这不能完全解决问题。政府开始意识到社会化、产业化的重要性,各类政策文件在鼓励社会力量参与养老事业的同时,也在逐渐厘清政府和市场的关系。根据老年产品的市场属性分类,按照"公共物品""准公共物品""私人物品"的不同层次,政府有所为有所不为。"公共物品"领域包括老年公益服务设施、基础社会养老机构等在内,政府应直接供给,或由市场提供而政府购买,向老年人免费提供;对于"准公共物品"和"私人物品",政府应让位于市场。

总体而言,政府在养老服务中要发挥六大作用:建机制、兜底线、保基本、放市场、促公平和强监管。

一是建机制。建立社会养老服务体系,发挥市场作用,实现政府职能转变,监管、培育、扶持、引导市场。借鉴国际经验,在理论和实践证明有效的领域内,通过完善利益机制和对有关利益方的权益保护,积极推进公共部门与私人部门的合作。

二是兜底线。完善社会保险、社会福利、社会救助等制度和公益慈善事业的有效衔接,为老年人享受基本养老服务提供经济保障。稳定城镇职工社会养老保险金发放,探索建立长期照护服务的资金保障制度,合理制定对失能失智老年人、城市"三无"对象、农村"五保"老人、优抚对象、低保对象、失独家庭老年人、高龄空巢对象等基本养老服务资金补贴政策。

三是保基本。保障老年人的基本生活、基本医疗、基本照护。2013年,国家明确提出了"坚持保障基本"的原则,"确保人人享有基本养老服务"。2019年4月,国务院办公厅《关于推进养老服务发展的意见》(国办发〔2019〕5号)再次明确了政府保障基本养老服务的责任,其重点是要保

障失能失智人员享有基本养老服务。

四是放市场。2015 年 2 月,民政部、国家发展改革委、教育部等十部委联合发布《关于鼓励民间资本参与养老服务业发展的实施意见》(民发〔2015〕33 号),提出要充分发挥市场在资源配置中的决定性作用,养老服务供给方式多元化,尽量减少政府直接提供服务。以公办养老机构改革为例,自 2013 年开始推行公办养老机构公建民营,2016 年再次要求加快公办养老机构改革,明确限定政府运营养老床位数占比不超过 50%。

五是促公平。政府在通过政策引导和必要的资金支持,推动全社会养老服务业健康有序发展的同时,需要解决一系列有碍公正公平的问题,打造公平竞争的市场环境。如解决不同所有制、不同营利性质养老机构税费优惠和补贴政策不同的问题,政府有关部门存在的限制性规定阻碍行业发展等问题。

六是强监管。政府切实履行监督职责,完善养老服务体系建设,加强对养老服务设施建设事中、事后的监督、养老服务人员的监督等。

四、从行业公共管理来看,养老行业正不断加强标准化建设

养老服务标准化建设对于加强养老服务行业自律、规范养老服务行为、提高养老服务质量、推进养老服务供给侧结构性改革,有着重要的现实意义。为解决标准缺失、滞后和交叉等问题,推进全国养老服务标准化工作,加强统筹指导,民政部、国家标准委于 2017 年 8 月共同组织制定了《养老服务标准体系建设指南》(民发〔2017〕145 号),从通用基础、服务提供、支撑保障三个维度,搭建养老服务标准体系框架,为标准化工作提供重要指引。

在养老服务标准体系框架的指导下,根据我国养老服务发展趋势和需求,我们将已发布、制定中和待制定的国家标准、行业标准集合成养老

服务体系目录(见表 2)。根据该目录,国家需要建立通用基础标准 13 项、服务提供标准 23 项、支撑保障标准 33 项,共计 69 项标准。目前已经发布的 16 项标准中,通用基础标准占 4 项、服务提供标准占 2 项、支撑保障标准占 10 项。与此同时,还有 16 项标准正在制定中。

表 2　三大子体系标准状态

单位:项

标准	已发布	制定中	待制定	总计
通用基础标准	4	5	4	13
服务提供标准	2	5	16	23
支撑保障标准	10	6	17	33
合计	16	16	37	69

此外,民政部还联合相关部门制定了一系列管理办法,包括《养老机构管理办法》(民发〔2020〕66 号)、《互联网诊疗管理办法(试行)》(国卫医发〔2018〕25 号)、《互联网医院管理办法(试行)》(国卫医发〔2018〕25 号)、《远程医疗服务管理规范(试行)》(国卫医发〔2018〕25 号)、《养老机构服务收费管理暂行办法》、《养老机构服务合同(示范文本)》(GF - 2016—2001)等。这些管理办法为推进养老照护管理规范、提升服务水平提供了参照依据。

养老照护服务政策解读

鲁文文

一、适应市场需求，养老照护服务政策渐成体系

为老年人提供照护服务是整个养老服务体系的重心和本质所在。随着我国人口老龄化的进一步发展，养老服务需求日益增长，如何提高养老照护服务供给能力，提升照护服务供给质量，更好满足老年人美好生活需要，成为养老服务领域面临的一项艰巨任务，也是养老服务政策体系建设的中心任务。

改革开放以来，国家先后出台了108项养老照护服务方面的政策。2013年以后养老照护服务政策密集出台，先后发布了84项政策，约占108个政策总量的78%。图1所示为2000－2020年养老照护服务政策每年的发布数量。从内容方面来说，涉及社会养老体系规划、规范机构建设与管理、提高服务质量、促进社会化产业化发展、机构改革试点、居家和社区养老改革试点、机构等级评定等多个方面。在此过程中，政府也不断适应市场需求，理顺照护服务运作体系。

在108项政策中，核心政策有《社会养老服务体系建设规划（2011—2015年）》(国办发〔2011〕60号)、《"十三五"国家老龄事业发展和养老体系建设规划》、《关于加快发展养老服务业的若干意见》、《关于鼓励民间资本参与养老服务业发展的实施意见》、《关于全面推进居家养老服务工作的意见》(全国老龄办发〔2008〕4号)和《国家积极应对人口老龄化中长期规划》等，这些政策对我国养老照护服务的发展产生了深远的影响。

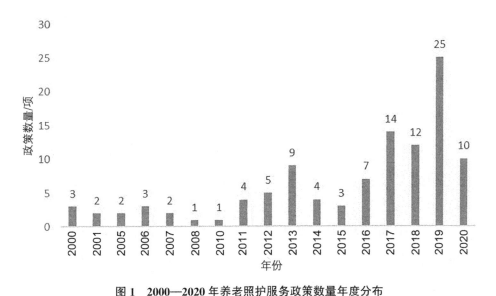

图1 2000—2020 年养老照护服务政策数量年度分布

二、加强宏观规划，推进养老照护服务模式不断完善

养老照护涉及服务谁（照护服务对象）、提供什么样服务（照护服务内容）、谁来提供服务（照护服务主体）、如何提供服务（照护服务模式）四个基本问题。前两个问题与养老服务需求有关，后两个问题与养老服务供给有关。我国不同时期的政策，以宏观规划的方式，渐次全面回应了这些问题。

（一）服务对象取消身份限制，拓展到全社会老年人

取消了身份限制，对象不再限制于鳏寡孤独与五保人员。2000 年2 月，国务院办公厅转发民政部等部门《关于加快实现社会福利社会化的意见》（国办发〔2000〕19 号），其中提出服务对象公众化，逐步拓展到全社会老年人。根据 2011 年 12 月国务院发布的《社会养老服务体系建设规

划(2011—2015 年)》,孤老优抚对象及低收入的高龄、独居、失能等困难老年人是政策重点保障的对象。与此同时,照顾到全体老年人,改善和提高他们对养老服务条件的要求。

(二)服务内容设计渐趋精准,倡导分类差异化服务

2010 年 10 月,国家发展改革委、民政部发布《2010 年基本养老服务体系建设试点方案》,规定向所有老年群体提供基本生活照料、护理康复、情感关怀、紧急救援和社会参与等服务。《社会养老服务体系建设规划(2011—2015 年)》提出"涵盖生活照料、家政服务、康复护理、医疗保健、精神慰藉等",描述较 2009 年略微不同,但对服务内容的描述更加详细、全面,如在"生活照料"方面规定:"服务设施应符合无障碍建设要求,配置必要的附属功能用房,满足老年人的穿衣、吃饭等日常生活需求。"此外,针对不同老年群体,政策建议提供差异化服务,比如对身体状况较好、生活基本上能自理的老年人,提供家庭服务、老年食堂、法律服务等。

(三)健全服务主体,多种方式促培育

照护服务主体,不再是政府包办,而是倡导引入民间资本,如个人资本、社区、企业等;2000 年,国家提出投资主体多元化,采取国家、集体和个人等多渠道投资方式,形成社会福利机构多种所有制形式共同发展的格局。

2000 年 11 月,财政部、国家税务总局《关于对老年服务机构有关税收政策问题的通知》(财税〔2000〕97 号)提出,要运用税收优惠政策鼓励和支持社会力量参与。2013 年 7 月民政部发布的《关于推进养老服务评估工作的指导意见》(民发〔2013〕127 号)和 2013 年 9 月国务院办公厅发布的《关于政府向社会力量购买服务的指导意见》(国办发〔2013〕96 号)等提出,要推进医疗机构与养老机构加强合作、探索公建民营、政府购买养老服务等多种养老服务供给方式。2014 年 2 月,民政部、中国保监会、

全国老龄办联合发布《关于推进养老机构责任保险工作的指导意见》（民发〔2014〕47号），提出要构建养老服务业风险分担机制。

（四）模式定位基本清晰，服务模式在发展中得以完善

居家养老、社区养老和机构养老是我国社会养老服务体系的三种基本模式。其中，居家养老"以上门服务为主要形式"，提供家政服务、家庭保健、生活照料等服务；社区养老"主要面向家庭日间暂时无人或者无力照护的社区老年人"，提供"日间照料和短期托养"；机构养老服务"主要为失能、半失能的老年人"提供"生活照料、康复护理、紧急救援"等集中照料服务。这三种基本模式以不同的权重组合，构成了一个地区或一个社区不同的照护服务模式。

2000年8月中共中央、国务院《关于加强老龄工作的决定》（中发〔2000〕13号）第一次明确提出要建立以家庭养老为基础、社区服务为依托、社会养老为补充的养老机制。2006年，国务院办公厅转发全国老龄委办公室和发展改革委等部门《关于加快发展养老服务业的意见》（国办发〔2006〕6号），明确了逐步建立和完善"以居家养老为基础、社区服务为依托、机构养老为补充"的服务体系，2008年全国民政工作会议据此修改为"以居家为基础、社区为依托、机构为补充"。2011年9月，国务院《中国老龄事业发展"十二五"规划》（国发〔2011〕28号）提出，建立以居家为基础、社区为依托、机构为支撑的养老服务体系，并在重点任务中明示了三者发展策略的不同：重点发展居家养老，大力发展社区照料服务，统筹发展机构养老。2013年9月，国务院《关于加快发展养老服务业的若干意见》中增加了要求功能完善、规模适度、覆盖城乡。2017年2月，国务院《"十三五"国家老龄事业发展和养老体系建设规划》提出，"以居家为基础、社区为依托、机构为补充、医养相结合"，机构养老地位再次变"支撑"为"补充"，增加了"医养结合"的要求，实现从"三位一体"到"四位一体"的转型。

自新中国成立以来,养老照护服务经历了由"福利性"向"社会化"的演变,从政府提供到市场介入,从单一模式到多元并存,从低水平到高水平,初步形成了"以居家为基础、社区为依托、机构为补充、医养相结合"的全国模式,也出现了"9073""9064"和"9055"等地方模式。

三、机构照护服务:从政府包办到鼓励市场化社会化发展再到改革试点

回顾政策历史轨迹,机构照护服务在整个养老照护服务体系中的地位,经历了从"补充"到"支撑",再由"支撑"向"补充"的定位转变。

公办养老机构,作为我国最早的养老机构,是政府无偿提供给部分老年群体的一种服务组织,其服务对象是"托底"保障对象,即城市"三无"、农村"五保",失能和经济困难的特殊老年群体。公办养老机构具有明显的公益性,它不以利润最大化为目的,其提供的服务属于公共产品。在长期发展过程中,公办养老机构面临结构性矛盾:"一床难求"与"床位空置"长期并存。为破除这些问题,国家一直不遗余力地以政策引领养老机构改革。

(一)1983—2012 年,持续鼓励市场化社会化发展

1983 年,第八次全国民政工作会议在北京召开,会议提出了社会福利社会化的改革方向、思路和要求,养老机构开始了社会化改革的探索实践,并且这种改革方向进一步上升到了法律层面。1996 年 8 月颁布的《中华人民共和国老年人权益保障法》(第八届全国人民代表大会常务委员会第二十一次会议通过)鼓励社会力量兴办老年社会福利机构。

2000 年 8 月,具有里程碑意义的文件《中共中央、国务院关于加强老龄工作的决定》发布,对老龄工作进行顶层设计。此后,国家通过"十五"

"十一五""十二五"三个中国老龄事业发展规划,对老龄工作进行部署,有关部门出台了多个推动社会力量参与养老服务业发展的专项文件。

(二) 2013 年至今,养老机构改革进入快速发展期

2013 年以来,政府原则上不再直接运营养老机构,推进养老机构公建民营逐渐成为共识。从中央到地方,政策出台的密集程度前所未有。养老机构公建民营进入快速发展期,连续开展了两批以公建民营为重点的公办养老机构改革试点,明确将界定公办养老机构的职能与定位列为首要任务,有关政策均明确职能定位为"兜底"保障功能。

各地对公办养老机构的转制方式进行了踊跃探索,提出并实施了包括承包、委托、合资合作、联合经营、服务外包、专项服务合作、公私合营PPP 模式以及将机构转制为企业等多种方式。

四、居家养老服务和社区照护服务:从内涵逐渐明晰到改革试点

居家养老服务是指政府和社会力量依托社区,为居家的老年人提供服务。它不同于传统家庭养老,而是以上门服务为主要形式。社区养老服务是居家养老服务的重要支撑,具有社区日间照料和居家养老支持两类功能。居家养老和社区养老两者密不可分。养老服务体系对居家养老服务和社区照护服务的定位一直都是"居家为基础,社区为依托"。尤其是 2017 年以后,机构照护地位由"支撑"转为"补充"后,居家和社区照护服务重要性凸显。

(一) 2000—2016 年,居家养老和社区养老的内涵逐步明晰

2000 年,国家有关部门提出,"基本建成以国家兴办的社会福利机构为示范,其他多种所有制形式的社会福利机构为骨干、社区福利服务为依

托、居家供养为基础的社会福利服务网络",这是关于居家养老和社区养老的较早的政策体现。

2006年以后的政策明确鼓励发展"居家老人服务业务",并提出了方向性指导。

■ 2006年2月,全国老龄委办公室等十部委联合下发《关于加快发展养老服务业的意见》,提出"要通过政策引导,鼓励社会资本投资兴办以老年人为对象的老年生活照顾、家政服务、心理咨询、康复服务、紧急救援等业务,向居住在社区(村镇)家庭的老年人提供养老服务"。

■ 2008年1月,全国老龄办、民政部等十部委联合发布《关于全面推进居家养老服务工作的意见》,这是到目前为止唯一专门针对居家养老和社区养老的政策。该政策指出,现阶段中国养老服务供给不足,应全力推进居家养老服务体系建设,并从目标、基本任务、保障措施等几个方面阐述了居家依托社区发展的总体思路。

2011年,机构定位变"补充"为"支撑",政策上更可见对机构养老的倾斜支持。但在此背景下,相关部门顾及居家和社区养老,出台了一系列政策为居家和社区养老指明了发展方向。居家养老和社区养老的内涵由此逐渐明晰。

■ 2011年12月,国务院发布《社会养老服务体系建设规划(2011—2015年)》,指出要大力发展居家社区养老服务,逐步建立支持家庭养老的政策体系。该文件提出了更为具体且有针对性的要求,如支持成年子女与老年父母共同生活,履行赡养义务和承担照料责任。又如,支持城乡社区定期上门巡访独居、空巢老年人家庭,帮助老年人解决实际困难。再如,支持城乡社区发挥供需对接、服务引导等作用,加强居家养老服务信息汇集,引导社区日间照料中心等养老服务机构依托社区综合服务设施和社区公共服务综合信息平台,创新服务模式,提升质量效率,为老年人提供精准化、个性化、专业化服务。

■ 2013年9月发布的国务院《关于加快发展养老服务业的若干意见》

指出，"生活照料、医疗护理、精神慰藉、紧急救援等养老服务覆盖所有居家老年人。符合标准的日间照料中心、老年人活动中心等服务设施覆盖所有城市社区，90%以上的乡镇和60%以上的农村社区建立包括养老服务在内的社区综合服务设施和站点"。该文件在主要任务中进一步提出了社区服务设施建设的具体要求。

（二）2017年至今，重视并加强居家社区养老服务体系建设

2017年2月，国务院发布的《"十三五"国家老龄事业发展和养老体系建设规划》指出，要夯实居家社区养老服务基础，大力发展居家社区养老服务，逐步建立支持家庭养老的政策体系。这些充分体现了国家对居家养老和社区养老的重视。2017年6月，国务院办公厅《关于制定和实施老年人照顾服务项目的意见》（国办发〔2017〕52号）下发，该文件对居家养老和社区养老的发展起到了积极的推动作用。这一时期，政府支持更多地反映在行动上。

首先，为居家和社区养老服务明确了财政支持方式。

■ 2017年1月，由民政部、财政部等十三部门联合下发的《关于加快推进养老服务业放管服改革的通知》（民发〔2017〕25号）提出了有关政府购买社区居家养老服务，将其列入政府购买服务指导性目录，培育和扶持合格供应商进入的内容。这是第一次在政策文件中提及对居家养老和社区养老服务的财政支持。

■ 2017年8月，由财政部、人社部、民政部联合下发的《运用政府和社会资本合作模式支持养老服务业发展的实施意见》（财金〔2017〕86号）提出，支持政府将社区养老服务打包，通过PPP模式交由社会资本方投资、建设或运营。

■ 2012年7月，《关于鼓励和引导民间资本进入养老服务领域的实施意见》（民发〔2012〕129号）发布，允许各类民间资本采取政府补助、购买服务、协调指导、评估认证等方式，进入居家养老服务领域。

其次，政府先后组织了五个批次居家养老和社区养老服务改革试点，并定期进行跟踪评估，开展成果验收。像上海地区探索成功两种社区嵌入型养老服务形式：一是单一型的长者照护之家，主要为老年人提供短期住养照料；二是综合型的社区综合为老服务中心，包括长者照护之家、日间照料中心、助餐点、护理站或卫生站等在内的"枢纽式"为老服务综合体，可以提供日托、全托、助餐、助浴、康复、护理等服务。

五、推进标准化规范化，加强服务质量管理

为完善养老服务标准化体系，更好发挥标准引领作用，20 年来，养老照护服务领域一直在推动标准化、规范化工作，前后发布了 38 项相关政策（见图 2）。从发布时间看，这些政策主要集中发布在 2017 年以后。以 2017 年 3 月民政部等六部门印发《关于开展养老院服务质量建设专项行动的通知》(民发〔2017〕51 号)为标志，养老院服务质量建设专项行动正式启动。

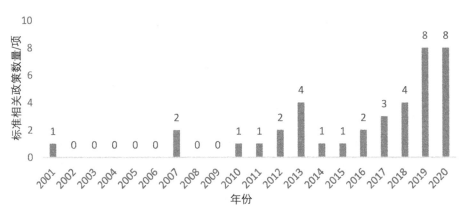

图 2　照护服务标准相关政策年度分布

照护服务领域现行有效的标准有 14 个。其中，国家标准有 5 个，分

别是《养老机构服务安全基本规范》(GB38600—2019)、《养老机构服务质量基本规范》(GB/T35796—2017)、《养老机构等级划分与评定》(GB/T37276—2018)、《社区老年人日间照料中心服务基本要求》(GB/T33168—2016)和《养老机构基本规范》(GB/T29353—2012)。值得说明的是,《养老机构服务安全基本规范》(GB38600—2019)是我国养老服务领域第一项强制性国家标准。行业标准有9个,涉及老年人能力评估、养老机构安全管理、消防安全管理规范、养老机构管理办法、老年人社会福利机构基本规范、养老服务标准体系建设指南、养老机构老年人日常生活安全管理、社区老年人日间照料中心服务质量规范、养老机构职业健康安全管理规范、老年社会工作服务指南。与此同时,地方层面也制定出台了许多行业标准,比如山东省《社区居家养老服务质量评估规范》(DB37/T1937—2011)和湖北省民政厅等单位起草的行业标准《养老机构服务风险评估通则》。

此外,国家层面还制定了一系列管理办法,包括《养老机构服务收费管理暂行办法》、《养老机构服务合同(示范文本)》、《中央财政支持居家和社区养老服务改革试点补助资金管理办法》(财社〔2017〕2号)、《养老服务市场失信联合惩戒对象名单管理办法(试行)》(民发〔2019〕103号)和《养老机构服务纠纷处理规范》(DB34/T 3749—2020)等。这些管理办法为推进养老照护管理规范、提升服务质量水平提供了参照依据。

对照2017年8月民政部、国家标准委《关于印发养老服务标准体系建设指南的通知》(民发〔2017〕145号)中的《养老服务领域已发布、制定中及待制定标准目录》,养老照护领域还有一系列标准或正在制定中或拟待制定。我们相信,随着条件的不断成熟,国家会在不久的将来出台更多的标准和管理办法,行业质量标准体系进一步完善,未来"服务有标准,管理有规范,监督有依据"将成为现实。

养老医疗政策解读

燕则铭

一、高密度出台养老医疗卫生政策，推进医养结合以适应健康养老需求

随着中国人口老龄化进程的加快，老年人口的医疗服务、健康服务等需求不断增加，但是我国养老医疗供给仍有较大缺口，同时还存在养老医疗法规体系不健全、标准规范不统一、管理机制不完善等问题。因此，与养老医疗相关的政策建设重要而且十分紧迫，这是关乎我国养老产业能否健康发展的大事。

老年医疗卫生服务包含老年预防保健和健康管理、老年人疾病诊疗服务、老年康复护理服务和安宁疗护服务等领域。

过去十年，我国发布的养老医疗政策集中在养老医疗体系和医养结合两个方面。其中，《关于推进医疗卫生与养老服务相结合指导意见的通知》（国办发〔2015〕84号）、《"健康中国2030"规划纲要》、《关于深入推进医养结合发展的若干意见》（国卫老龄发〔2019〕60号）等政策对推进与深化医养结合、加快养老医疗发展产生了重要影响。

二、全方位加大老年人医疗卫生服务供给,构建连续的医疗健康服务体系

(一)通过宏观政策规划明确目标与任务,持续推动老年健康服务体系建设

过去十年,有关宏观政策规划都在持续聚焦老年人医疗服务、健康养老服务,这些政策对推动老年健康服务体系建设发挥了指导性和引领性的作用。

2011 年 9 月,国务院发布了《中国老龄事业发展"十二五"规划》,确立了应对人口老龄化的战略体系和健全老年人基本医疗保障体系等主要发展目标,提出了立足当前与着眼长远相结合的基本原则,着力解决当前老龄群体医疗与健康服务面临的突出矛盾,注重体制机制创新和法规制度建设,统筹兼顾,综合施策。

2013 年 9 月,国务院印发了《关于促进健康服务业发展的若干意见》(国发〔2013〕40 号)。在这份首个健康服务业指导性文件中,我国明确了"保基本、强基层、建机制"的基本原则,提出要加快发展健康养老服务,要在养老服务中充分融入健康理念,要加强医疗卫生服务支撑,要统筹医疗服务与养老服务资源,建立健全医疗机构与养老机构之间的业务协作机制。

2016 年 10 月,中共中央、国务院印发布了《"健康中国 2030"规划纲要》,作为推进未来 15 年健康中国建设的行动纲领。该文件指出要全面建成体系完整、分工明确、功能互补、密切协作、运行高效的整合型医疗卫生服务体系;而针对人口老龄化问题,则提出了要推进老年医疗卫生服务体系建设,推动医疗卫生服务延伸至社区、家庭的指导意见。

为了建立和完善符合我国国情的老年健康服务体系,根据《"健康中

国 2030"规划纲要》，2019 年 10 月，国家卫生健康委、国家发展改革委等八部委联合发布了《关于建立完善老年健康服务体系的指导意见》(国卫老龄发〔2019〕61 号)。这是我国首部面向老年人健康服务的专项宏观政策，对加强我国老年健康服务体系建设，推动实现健康老龄化具有里程碑意义。该文件明确了老年健康服务体系建设的目标是：到 2022 年，老年健康相关制度、标准、规范基本建立，服务资源配置更趋合理。它针对老年人健康特点和老年人健康服务需求，要求构建包括健康教育、预防保健、疾病诊治、康复护理、长期照护、安宁疗护等综合连续、覆盖城乡的老年医疗健康服务体系。

（二）政策要求加大老年医疗卫生资源投入，缓解养老医疗供需不平衡问题

长期以来，我国老年医疗卫生服务一直处于供需不平衡的状态，公共医疗卫生资源无法满足日益增长的老年人健康需求。为了加快养老医疗卫生供给端建设，2011 年 11 月国务院发布的《中国老龄事业发展"十二五"规划》要求将养老医疗卫生服务纳入各地卫生事业发展规划，加强老年病医院、护理院、老年康复医院、综合医院老年病科和基层医疗卫生机构建设。

2013 年 9 月，国务院《关于促进健康服务业发展的若干意见》要求加强医疗卫生服务支撑，增强医疗机构为老年人提供便捷、优先优惠医疗服务的能力；要求推动二级以上医院与老年病医院、老年护理院、康复疗养机构等之间的转诊与合作。该文件还提出，要统筹现有的医疗服务与养老服务资源，大力建设老年医院、护理院与康复疗养机构等基层医疗卫生资源，切实解决老龄人口养老中出现的医疗卫生服务问题。

2017 年 3 月，国务院发布的《"十三五"国家老龄事业发展和养老体系建设规划》指出，要着力解决养老服务有效供给不足、质量效益不高、人才队伍短缺等问题；要加强老年康复医院、护理院、临终关怀机构和综合

医院老年病科建设,提高基层医疗卫生机构康复护理床位占比,积极开展家庭医生签约服务,加强专业配置人才的培养。

(三)针对养老健康的突出问题,出台专项政策并积极推动实施

随着我国医疗重心从以治病为主向以健康为主进行转变,面对老年心血管等多发疾病患者不断增加和过去不太受重视的如老年心理健康等问题逐渐突出,国家医疗健康卫生部门出台了大量针对性的专项政策和措施方案,努力让我国老年人"不得病、少得病"。

- 2019年4月,国家卫生健康委发布了《关于实施老年人心理关爱项目的通知》(国卫办老龄函〔2019〕322号)。
- 2019年6月,国家卫生健康委发布了《关于开展第二批安宁疗护试点工作的通知》(国卫办老龄函〔2019〕483号)。
- 2019年9月,国家卫生健康委发布了《健康中国行动——癌症防治实施方案(2019—2022年)》(国卫疾控发〔2019〕57号)。
- 2019年9月,国家卫生健康委办公厅发布了《阿尔茨海默病预防与干预核心信息》(国卫办老龄函〔2019〕738号)。

三、多项政策出台鼓励养老与医疗协同发展,医养结合成为主要发展方向

(一)连续出台指导性意见,推动医养结合试点,探索医养结合体制改革

长久以来,我国医疗健康体系和养老服务处于并行发展、独立建设的状态,两个体系之间存在较多横向壁垒。为了改变这一现状,更好地服务老年群体,2013年9月国务院出台的《关于加快发展养老服务业的若干意见》首次提出,将积极推进医疗卫生与养老服务相结合作为一项主要任

务,医疗机构要积极支持和发展养老服务,要探索医疗机构与养老机构合作新模式,要选择有特点和代表性的区域开展养老服务业综合改革试点,推动医养融合发展。

2013 年 9 月,国务院《关于促进健康服务业发展的若干意见》提出,要加快发展健康养老服务,推进医疗机构与养老机构等加强合作,在养老服务中充分融入健康理念,发展社区健康养老服务,鼓励医疗机构将护理服务延伸至居民家庭。

2015 年 11 月,国务院办公厅出台了《关于推进医疗卫生与养老服务相结合的指导意见》,首次正式将医养结合上升为一项独立的政策。该文件提出,到 2020 年,符合国情的医养结合体制机制和政策法规体系基本建立,综合连续的医养结合服务网络基本形成;所有医疗机构开设为老年人提供挂号、就医等便利服务的绿色通道,所有养老机构能够以不同形式为入住老年人提供医疗卫生服务,基本适应老年人健康养老服务需求。此项政策作为第一部专门面向医养结合的政策,对我国养老医疗卫生健康的发展产生了深远的影响。

(二) 政策要求全面深化改革,建成医养结合、规范发展的健康养老体系

随着医养结合方向共识的达成,2017 年 3 月国务院出台了《“十三五”国家老龄事业发展和养老体系建设规划》,将健全健康支持体系、推进医养结合作为主要任务,要求统筹落实好医养结合优惠扶持政策,深入开展医养结合试点,建立健全医疗卫生机构与养老机构合作机制;支持养老机构开展医疗服务;支持养老机构按规定开办康复医院、护理院、临终关怀机构和医务室、护理站等。此项政策在宏观层面确定了医养结合的顶层设计和框架体系。

医养结合政策在不断实践过程中逐渐显露出医养融合难、服务标准不规范等问题。为解决这些问题,2019 年 10 月国家卫生健康委、民政部、国家发展改革委等联合出台了《关于深入推进医养结合发展的若干意见》(国卫老龄发〔2019〕60号),作为医养结合的行动指南,具有里程碑的意义。该文件对医养结合发展过程中遇到的问题进行梳理,提出了强化医疗卫生与养老服务衔接、推进医养结合机构"放管服"改革等指导性意见,提出深化医养签约合作、加强医养结合信息化支撑、合理规划设置有关机构、简化医养结合机构审批登记等具体措施来推进健康养老体系建设。

2019年11月,中共中央、国务院出台了《国家积极应对人口老龄化中长期规划》,这是我国应对人口老龄化问题的战略性、综合性、指导性文件。文件明确提出了到2022年要基本建成功能完善、规模适度、覆盖城乡、医养结合的养老服务体系的阶段性发展目标,并以推进医养有机结合为重要举措,鼓励医疗卫生机构、养老机构以多种形式开展合作,提供多样化、多层次的医养结合服务。

为了深化落实医养结合政策,过去五年还出台了一系列专项政策和标准规范,以确保搭建起医疗卫生服务与养老服务相结合的健康养老体系,促进医养结合走向规范化、标准化。

■ 2016年4月,国家卫生计生委办公厅发布了《医养结合重点任务分工方案》(国卫办家庭发〔2016〕340号)。

■ 2016年4月,民政部、国家卫生计生委联合印发了《关于做好医养结合服务机构许可工作的通知》(民发〔2016〕52号)。

■ 2017年11月,国家卫生计生委办公厅印发了《关于养老机构内部设置医疗机构取消行政审批实行备案管理的通知》(国卫办医发〔2017〕38号)

■ 2018年10月,国家卫生健康委、国家中医药局发布了《关于规范家庭医生签约服务管理的指导意见》(国卫基层发〔2018〕35号)。

■ 2019年5月,国家卫生健康委办公厅、民政部办公厅、市场监管总局办公厅和国家中医药局办公厅联合印发了《关于做好医养结合机构审批登记工作的通知》(国卫办老龄发〔2019〕17 号)。

■ 2020 年 1 月,国家卫生健康委办公厅、民政部办公厅发布了《关于印发医养结合机构服务指南(试行)的通知》(国卫办老龄发〔2019〕24号)。

■ 2020 年 9 月,国家卫生健康委办公厅、民政部办公厅、国家中医药管理局办公室联合印发了《医养结合机构管理指南(试行)》(国卫办老龄发〔2020〕15 号)。

养老科技和智慧养老服务政策解读

鲁文文

一、科技赋能养老产业，高频度政策激励养老服务智慧化升级

科技是解决养老供给不足的重要支撑。在养老领域导入科技要素，可以破解我国养老服务日益尖锐的供需矛盾，实现个人、家庭、社区、机构与健康养老资源的有效对接和优化配置，为老年人提供"人力做不到、人力做不好、人力不愿做"的多样化服务，减轻劳动强度，提高工作效率，提升服务水平，改善服务质量。

目前，我国养老服务业的科技含量和专业化水平还比较低，亟待"提档升级"，如何把有限的资金和科研力量用在刀刃上，让科技为养老产业赋能，产生良好的社会效应，需要政策持续地引导和支持。

从 2011 年 9 月国务院《关于印发中国老龄事业发展"十二五"规划的通知》首次提出"推进信息化建设"，到 2020 年年底，十年间国家层面在科技养老领域总共发布了 36 项相关政策，发布时间主要集中在 2017 年以后（见图 1）。

不同时期引领行业发展的战略性、综合性、指导性文件是我们需要重点关注的核心政策。十年间，《社会养老服务体系建设规划（2011—2015年）》《智慧健康养老产业发展行动计划（2017—2020 年）》《国家积极应对人口老龄化中长期规划》等政策，对我国养老行业的发展产生了深远的影响。

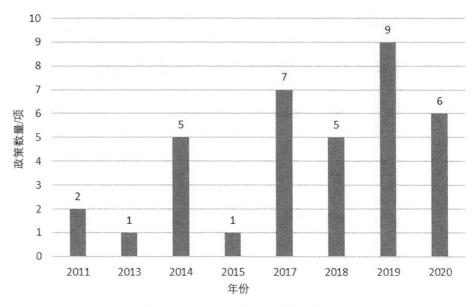

图1　2011—2020 各年政策发布数量

二、供给引导需求，科技养老从目标规划到技术推广政策链条清晰

政策要求丰富产品供给，创新服务模式。科技养老供给包括产品的供给和服务的供给。科技养老产品是紧密结合大数据、物联网、云计算等新一代信息技术，具备显著信息化、智能化特征的新型智能健康养老终端产品，主要包括可穿戴健康管理类设备、便携式健康监测设备、自助式健康检测设备、智能养老监护设备、家庭服务机器人等五大类。科技养老服务是充分利用数字技术和智能健康养老产品，创新服务模式，为民众提供的新型健康养老服务，主要包括慢性病管理、居家健康养老、个性化健康管理、互联网健康咨询、生活照护、养老机构信息化等六大类。

养老服务需要供给侧改革，以供给引导需求。供给引导需求的核心是用优质的产品、创新的服务激发和激活养老市场需求,进而创造出新的行业需求,关键是要在如何提高产品的品质和质量、如何提高产品的适应性、如何满足老年人多层次多样化生活需要上做文章。按照供给引导需求的基本思路,科技养老政策经历了"十二五"期间探索、"十三五"期间发展的两个表征比较明显的阶段。

(一)"十二五"时期,将信息化建设作为手段和工具提升养老服务水平

■ 2011 年 9 月,国务院《关于印发中国老龄事业发展"十二五"规划的通知》首次提出"推进信息化建设",要"建立老龄信息采集、分析数据平台,健全城乡老年人生活状况跟踪监测系统"。从政府部门、养老机构掌握行业基础信息的需要出发提出了信息化建设需求。

■ 2011 年 12 月,国务院发布的《社会养老服务体系建设规划(2011—2015 年)》提出,要依托现代技术手段,加强养老服务信息化建设,为老年人提供高效便捷的服务,并首次提出"支持有需求的老年人实施家庭无障碍设施改造"。

■ 2015 年 2 月,民政部、国家发展改革委、教育部等十部委下发的《关于鼓励民间资本参与养老服务业发展的实施意见》提出,要推进养老服务信息化建设,"逐步实现对老年人信息的动态管理"。

(二)"十三五"时期,将智慧健康养老作为一个产业自上而下大力度推动

1. 从任务、要素、机制、能力、目标等方面构建新产业发展的顶层架构

■ 2014 年 9 月,民政部发布《国家智能养老物联网应用示范工程》(民办函〔2014〕222 号)。该文件指定北京、河北、江苏、河南、安徽、四川等省市的 7 家养老机构实施"国家智能养老物联网应用示范工程",应用物联网技术在养老机构开展老人定位求助、老人跌倒自动检测、

老人卧床监测、阿尔茨海默病老人防走失、老人行为智能分析、自助体检、运动计量评估、视频智能联动等服务。

■ 2014年6月,国家发展改革委、民政部、国家卫生计生委联合开展《面向养老机构的远程医疗政策试点工作》(发改高技〔2014〕1358号)。试点在北京市、湖北省武汉市、云南省昆明市分别选择医院与对口的养老机构合作开展,重点明确了远程医疗的操作规范、责任认定、激励机制、收费标准和医疗费用报销等,提出要研究制定适用于养老机构远程医疗服务的有关政策、机制、法规和标准,探索养老机构与医疗机构的合作机制,推动医养融合发展。

■ 2014年11月,民政部等六部门发布《关于开展养老服务和社区服务信息惠民工程试点工作的通知》(民函〔2014〕325号)。试点工作选定24个省市的380家单位参与(其中包括151家养老机构、134家居家和社区养老机构以及95家社区公共服务综合信息平台),旨在以社区养老为切入点,推进社区信息化建设,大幅提升养老信息服务水平,使社区养老服务能力显著增强、社区服务信息化体系更加健全,通过服务网站和集中服务大厅为公众提供"一站式"服务。

2."十三五"时期,将智慧健康养老作为一个产业自上而下大力度推动

1)从任务、要素、机制、能力、目标等方面构建新产业发展的顶层架构

■ 2017年2月,工业和信息化部、民政部、国家卫生计生委等三部委印发《智慧健康养老产业发展行动计划(2017—2020年)》,这是我国科技养老领域的顶层规划。该文件提出,到2020年要基本形成覆盖全生命周期的智慧健康养老产业体系,并按照关键技术产品研发、系统平台建设、服务推广(包含健康养老服务平台、健康信息管理平台)、标准体系规范、网络安全保障等五大重点任务,详细阐释了智慧健康产业发展规划。在此后出台的政策中,有13个与服务推广相关、2

个与标准体系建设相关、1 个与关键技术产品研发相关。

■ 2017 年 3 月,国务院发布《"十三五"国家老龄事业发展和养老体系建设规划》,提出要"提升老年用品科技含量。加强对老年用品产业共性技术的研发和创新。支持推动老年用品产业领域大众创业、万众创新。支持符合条件的老年用品企业牵头承担各类科技计划(专项、基金等)科研项目。支持技术密集型企业、科研院所、高校及老龄科研机构加强适老科技研发和成果转化应用"。

■ 2019 年 11 月,中共中央、国务院发布《国家积极应对人口老龄化中长期规划》,这是国家层面应对人口老龄化问题的最顶层规划。其中,将"科技支撑更加有力"列入人口老龄化的战略总目标。该文件提出"强化应对人口老龄化的科技创新能力","深入实施创新驱动发展战略,把技术创新作为积极应对人口老龄化的第一动力和战略支撑,全面提升国民经济产业体系智能化水平"。

2) 以高频度政策为牵引,从产品端、应用端、服务对象端强化技术推广

■ 工业和信息化部、民政部、国家卫生计生委自 2017 年起连续 4 年发布《智慧健康养老产品及服务推广目录》,要求养老机构、医疗机构等在执行有关政府采购项目建设中优先支持目录内产品,鼓励有条件的地方通过补贴等形式支持家庭和个人购买使用智慧健康养老产品和服务。

■ 工业和信息化部、民政部、国家卫生计生委自 2017 年起连续 4 年发布《关于开展智慧健康养老应用试点示范的通知》。通过试点示范,各地探索形成了 4 种科技养老模式:以椿熙堂的"互联网十"养老和友康科技为典型的基于互联网平台的"线上十线下"综合服务模式、以上海亲和源社区为代表的智能居家养老模式、以安康通为典型的社区街道医养护一体化模式和智慧养老机构模式。

■ 科技部自 2019 年起每年组织"主动健康和老龄化科技应对"重点专

项项目申报。专项以主动健康为导向,以健康失衡状态的动态辨识、健康风险评估与健康自主管理为主攻方向,重点突破人体健康状态量化分层、健康信息的连续动态采集、健康大数据融合分析、个性化健身技术、老年健康支持技术与产品等难点和瓶颈问题,鼓励开发一批主动健康促进关键技术和产品,引领构建新型健康感知、辨识、干预与管理技术体系。

■ 继 2015 年 7 月国务院制定《积极推进"互联网+"行动的指导意见》(国发〔2015〕40 号)之后,2019 年 3 月国务院办公厅发布了《关于推进养老服务发展的意见》,提出"实施'互联网+养老'行动,在全国建设一批'智慧养老院'";同年 9 月,民政部在《关于进一步扩大养老服务供给 促进养老服务消费的实施意见》(民发〔2019〕88 号)中明确提出"打造'互联网+养老'服务新模式",要求:加快互联网与养老服务的深度融合,汇聚线上线下资源,精准对接需求与供给,为老年人提供"点菜式"的就近便捷养老服务,引导有条件的养老服务机构运用现代信息技术,依托互联网、物联网、云计算、大数据、智能养老设备等,开发多种"互联网+"应用,打造多层次智慧养老服务体系,创造养老服务的新业态、新模式。

三、出台针对性政策,助力解决老年人面临的"数字鸿沟"问题

老年人面临的"数字鸿沟"问题日益凸显,不少老年人不会上网、不会使用智能手机,在出行、就医、消费等日常生活中遇到不便,无法充分享受智能化服务带来的便利。为了有效解决老年人在运用智能技术方面遇到的困难,让广大老年人更好地适应并融入智慧社会,政府有针对性地出台了一系列政策。

■ 2020 年 9 月,工业和信息化部、中国残联联合下发的《关于推进信息

无障碍的指导意见》(工信部联管函〔2020〕146 号)指出：要开展为期一年的互联网应用适老化改造专项行动，重点推动与老年人、残疾人基本生活密切相关的网站、手机 App 的适老化改造，同时也鼓励企业在智能设备上提供"老年模式""长辈模式"等，使老年人更加方便、快捷地获取信息和服务；从技术创新、产品服务供给、应用试点示范等产业环节着力，扩大老年人智能终端产品供给。

■ 2020 年 11 月，国务院办公厅发布《关于切实解决老年人运用智能技术困难实施方案的通知》(国办发〔2020〕45 号)。同月，全国老龄工作委员会下发的《全国老龄办关于开展"智慧助老"行动的通知》(全国老龄办发〔2020〕3 号)提出，用 3 年时间开展"智慧助老"行动，到 2022 年年底，通过建立常态化工作机制、开展志愿服务、强化技能培训、加大宣传力度等措施，使用智能技术帮助老年人更好地适应信息社会的发展，让更多的老年人用得上、愿意用、用得好智能技术；还提出要对"智慧助老"行动进行总结评估，将各地在行动过程中形成的经验和做法在全国推广，并适时上升为国家政策。

四、突出试点示范建设，形成可复制推广的科技养老服务模式

为稳妥、快速地推进科技在养老行业的应用，十年间政策部门精心设计了一系列支持技术试点、应用示范工程的政策措施，为树立行业标杆、打造可复制推广的科技养老服务模式，发挥了引领示范作用。

其中，在智慧健康养老应用试点示范工程中，就形成了试点示范建设"四个有"的流程运作规范要求：

一是申请有门槛要求。如示范企业要求智慧健康养老相关业务收入不低于 1 000 万元，能够提供成熟的智慧健康养老产品、服务、系统平台或整体解决方案等；又如示范街道(乡镇)，要能应用多类(不少于 5 类)智

慧健康养老产品,为辖区内居民不少于10 000人提供智慧健康养老服务等;再如示范基地,推广智慧健康养老产品和服务、形成产业集聚效应和示范带动作用的地级或县级行政区。

二是工作开展有支持。政策鼓励各级政府部门和社会各界加大对应用试点示范工作的支持力度,从政策、资金、资源配套等多方面扶持示范企业做大做强,支持示范街道(乡镇)建设,加快示范基地产业集聚和应用试点。

三是示范点有考核。工业和信息化部联合民政部、国家卫生计生委适时组织对示范企业、街道(乡镇)和基地开展考核,根据考核结果对应用试点示范名单进行动态调整。

四是推广有保障。政策鼓励加大对示范企业、示范街道(乡镇)和示范基地的宣传推介力度,利用有关部门官网、电视报纸网络等新闻媒体,以及举行发布会、行业论坛等形式,扩大试点示范工作及其标准的影响力。

通过2017—2020年连续4届评选,分别选出23个、10个、23个和17个智慧健康应用示范基地,达到总数 73 个,完成示范基地建设目标的 70%。

五、科技养老行业标准纷纷出台,为全行业、全国性推广铺路

近几年,科技养老、智慧养老在基层首创、局部试点形成的很多成功经验、成熟做法,经过在全国范围内扩大试点的基础上,通过制定、出台的行业标准逐渐沉淀下来,为后续在全行业进行全国性推广奠定基础。

2017 年 12 月,绍兴市社会福利院发布《智慧养老管理和服务规范》,这是全国首个智慧养老标准化体系。此后,北京、上海、广东等发达省市先后发布了一批与智慧养老相关的团体标准。

自 2018 年起,浙江、江苏、陕西、山东等省也纷纷发布与智慧养老相关的地方标准,包括居家、社区、机构智慧养老建设,涉及信息系统、设施设备、服务要求、建设管理等内容。

各地通过这些行业标准指导、规范智慧养老综合服务信息平台的设计、研发、管理和运行,促进了智慧养老新技术的应用创新和养老管理与服务创新,提高了养老管理效率和养老服务质量。

根据 2017 年 8 月民政部、国家标准委《关于印发养老服务标准体系建设指南的通知》中的《养老服务领域已发布、制定中及待制定标准目录》,智慧养老已发布的标准均为支撑保障标准类别。截至 2020 年年底,国家层面已制定、发布了两个指导性行业标准,分别是《互联网诊疗管理办法(试行)》和《养老设施智能化系统技术标准》(住房和城乡建设部 2019 年第 285 号公告)。前者对互联网诊疗活动、互联网医院运作、远程诊疗服务开展进行了规范说明;后者适用于智能化系统全生命周期,包括新建、改建、扩建等养老设施智能化工程设计、施工、运维、检测与评估。这两个行业标准分别针对居家养老、社区养老、机构养老三个场景多种情形详细定义了智能化系统配置要求。

总的来说,我国智慧养老标准化工作仍处于萌芽阶段,尚无国家层面的智慧养老服务标准体系,另外有关政策虽然对智慧健康养老服务的收费及管理标准提出了一些规定,但目前还没有成型的标准。

养老金融服务政策解读

陶斯劼

一、持续出台养老金融服务政策，助推养老行业健康快速发展

随着我国人口老龄化进程不断加快，养老行业迎来巨大发展机遇，行业对各类金融服务的需求日益旺盛，开展金融协同创新以助推养老行业发展的任务日益迫切，持续出台养老金融服务政策，引导、鼓励和规制养老行业发展尤为必要。

在国家政策的支持下，养老金融可以助力养老保障供给增加，有利于完善我国多层次养老保险体系，增强养老保障能力，满足人民群众多样化的养老需求；也有利于深化金融供给侧结构性改革，培育长期机构投资者，促进金融市场健康发展。因此，金融在养老领域持续发力，既是养老事业发展的需要，也是金融自身发展的内在要求。

养老金融服务主要涉及老年人一般金融服务（如金融理财）、养老保障供给服务（如多层次养老保险）、养老服务业融资渠道拓展、服务居民养老的专业化金融产品开发、养老金融政策工具、金融机构养老服务业务创新等。

自 2011 年以来，我国有关"养老金融服务"的政策主要以两种形式存在：一是融合在宏观政策规划中，如《中国老龄事业发展"十二五"规划》、国务院《关于加快发展养老服务业的若干意见》等；二是体现在与养老金融服务相关的专项政策中，如《关于加快发展商业养老保险的实施意见》

等,多以"通知""意见"等形式发布。过去十年,政策的出台为养老金融服务有序开展提供了有力支撑。

十年来,国家相关部门发布的《关于鼓励和引导民间资本进人养老服务领域的实施意见》《关于鼓励民间资本参与养老服务业发展的实施意见》《关于开发性金融支持社会养老服务体系建设的实施意见》(民发〔2015〕78 号)、《关于金融支持养老服务业加快发展的指导意见》(银发〔2016〕65 号)和《关于加快发展商业养老保险的若干意见》(国办发〔2017〕59 号)等重要政策对养老金融服务的发展产生了重大影响。

二、以积极开放姿态,鼓励和引导社会、民间资本进入养老服务领域

从金融角度来看,我国养老产业受到自身风险收益特征限制,距离当前银行普遍融资审批标准还有不小差距,并且受传统金融服务路径依赖影响较为明显,养老金融服务需求无法得到充分满足,长期投资少、融资渠道少、融资成本高等问题在我国养老产业发展中尤为突出。为此,政府部门和金融监管部门近十年来不断出台很多政策鼓励社会资本参与到养老服务产业中,在政策中有如下明确表述:

■ 2011 年 9 月,国务院发布的《中国老龄事业发展"十二五"规划》提出,"鼓励社会资本投入老龄产业"。

■ 2012 年 7 月,民政部《关于鼓励和引导民间资本进人养老服务领域的实施意见》提出,"鼓励和引导民间资本进入养老服务领域"。

■ 2013 年 9 月,国务院《关于加快发展养老服务业的若干意见》提出,"要通过完善扶持政策,吸引更多民间资本,培育和扶持养老服务机构和企业发展"。

■ 2015 年 2 月,民政部、国家发展改革委等十部委发布的《关于鼓励民

间资本参与养老服务业发展的实施意见》提出,"支持发展面向大众的社会化养老服务产业,带动社会资本加大投入"。

■ 2017 年 2 月,国务院发布的《"十三五"国家老龄事业发展和养老体系建设规划》提出,"落实和完善鼓励政策,引导各类社会资本投入老龄事业"。

虽然不同政策条文的表述略有差异,但核心要义是一致的:政府部门以积极开放的姿态,持续鼓励和引导社会、民间资本进入养老服务领域,这对于实现养老服务投资主体多元化,缓解养老服务供需矛盾,加快推进以居家为基础、社区为依托、机构为支撑的社会养老服务体系建设具有重要意义。

三、建设养老金融服务支撑体系,鼓励养老行业开展投融资创新

养老产业要高质量发展,离不开高质量的金融服务保障;金融高质量服务养老产业,需要产融深度融合,实现良性互动循环,也需要进一步加强金融供给侧结构性改革,提高金融服务创新和金融科技创新强度。过去十年,政府和金融监管部门推行的一系列拓宽养老产业投融资渠道、创新投融资方式、降低投融资成本的举措,为这一重要改革提供了有力的支撑。有关政策举措表述如下:

■ 2011 年 9 月,国务院发布的《中国老龄事业发展"十二五"规划》提出,"疏通老龄产业发展融资渠道"。

■ 2014 年 11 月,商务部《关于推动养老服务产业发展的指导意见》(商服贸函〔2014〕899 号)提出,"加大养老服务体系建设的贷款投入力度,加强对居家养老服务企业和养老服务产品供应链上下游企业的信贷支持。鼓励金融机构针对养老服务企业特点开展动产、网点经营权、租赁权等质押融资以及小额贷款保证保险,支持融资担保公司

提供融资担保服务,提高对中小养老服务企业的融资担保能力"。

■ 2015 年 4 月,民政部、国家开发银行《关于开发性金融支持社会养老服务体系建设的实施意见》提出,"开发银行充分发挥开发性金融中长期融资优势,积极开展养老项目开发、评审、审批及贷款发放和贷后管理。开发银行养老项目贷款期限根据项目偿债能力分析确定,最长可达 15 年,宽限期最长可达 3 年"。

■ 2016 年 3 月,中国人民银行、民政部、银监会、证监会、保监会《关于金融支持养老服务业加快发展的指导意见》提出,"支持拓宽有利于养老服务业发展的多元化融资渠道"。

■ 2017 年 2 月,国务院发布的《"十三五"国家老龄事业发展和养老体系建设规划》提出,"落实好对民办养老机构的投融资、税费、土地、人才等扶持政策"。

我们通览以上政策可以发现,相对于投资方面的支持,政府部门在融资方面的政策指引更具体、方式更多样、目标也更清晰。通过信贷、债券、抵押、政府和社会资本合作等多种传统或创新模式,围绕"增加融资可得性"和"降低融资成本"两个维度,积极破解养老产业发展过程中的金融服务瓶颈,积极提升养老产业金融服务效率,显著降低养老产业融资成本。

四、适应养老金融服务需求,加大养老保障及专业化金融产品供给

为了满足老年人的金融服务需求、增加养老保障供给,为养老行业发展提供长期稳定的资金供给,政府及金融监管部门要求金融机构加大面向老年人的金融产品供给,并丰富以商业养老保险为首的非银金融产品和服务。

2016 年 3 月,中国人民银行、民政部、银监会、证监会、保监会《关于

金融支持养老服务业加快发展的指导意见》提出，"积极创新适合养老服务业特点的信贷产品和服务"，"加快保险产品和服务方式创新"，大力推动金融组织、产品和服务创新，改进完善养老领域金融服务，加大对养老服务业发展的金融支持力度，促进社会养老服务体系建设。

2017 年 7 月，国务院办公厅《关于加快发展商业养老保险的若干意见》提出了创新商业养老保险产品和服务的三大举措：

■ 丰富商业养老保险产品供给，为个人和家庭提供个性化、差异化养老保障。

■ 推动商业保险机构提供企业（职业）年金计划等产品和服务。

■ 鼓励商业保险机构充分发挥行业优势，提供商业服务和支持。

基于以上政策要求，保险机构陆续推出了多种养老型年金产品、养老保障管理产品。（银）保监会先后出台了"个人税收递延型商业养老保险""老年人住房反向抵押养老保险"两大专项政策，启动了两个全新的养老险种。

（1）个人税收递延型商业养老保险。

2018 年 4—5 月，有关部门出台了专项政策：国家税务总局《关于开展个人税收递延型商业养老保险试点有关征管问题的公告》（国家税务总局公告 2018 年第 21 号）发布；中国银保监、财政部、人社部、国家税务总局联合发布《个人税收递延型商业养老保险产品开发指引》（银保监发〔2018〕20 号）；中国银保监发布《个人税收递延型商业养老保险业务管理暂行办法》（银保监发〔2018〕23 号）。上述三个专项政策的出台，标志着"个人税收递延型商业养老保险"基本上具备了走向市场的条件。该产品设计以"收益稳健、长期锁定、终身领取、精算平衡"为原则，满足了参保人员对养老账户资金安全性、收益性和长期性管理的要求，最大限度保护参保人的利益，标志着个人税收递延型商业养老保险进入了启动阶段。

（2）老年人住房反向抵押养老保险。

2014 年 6 月，保监会《关于开展老年人住房反向抵押养老保险试点的指导意见》(保监发〔2014〕53 号)出台,北京、上海、广州、武汉等四地率先对 60 周岁以上拥有房屋完全独立产权的老年人展开投保试点。2018年 7 月,中国银保监会《关于扩大老年人住房反向抵押养老保险开展范围的通知》(银保监发〔2018〕43 号)发布后,多地加速发展"老年人住房反向抵押养老保险"。这一政策增加了老年人以房产为抵押获得养老金的正规渠道,丰富了老年人的养老选择,成为解决老年人"有房产、无现金"问题的有效手段之一。

值得一提的是,京、沪两地在积极响应有关政策时,还融入了基于本地实际的创新。两地分别发布了《关于加快发展商业养老保险的实施意见》,在具体落实中,两地都鼓励商业保险机构积极参与长期护理保险试点,开发针对特殊群体的综合养老保障计划,推动老年人住房反向抵押养老保险发展,开展个人税收递延型商业养老保险试点。根据本地实际情况的不同,北京鼓励商业保险机构积极开发老年人意外伤害保险产品和个人税收优惠型健康保险;上海则鼓励发展创新型个人长期养老保险产品和融资服务。

以上新政策、新产品、新服务的出现标志着商业养老保险已逐渐成为我国养老保险体系的"第三支柱",建立多层次、可持续的养老保障体系步伐正在不断加快。

此外,为了响应政策要求、适应养老行业发展的需要,银行、基金等各类金融机构也纷纷推出个人养老金融产品。例如,基金公司提供了养老目标基金,银行推出了养老理财产品、养老储蓄产品等。上述金融产品在一定程度上适应了市场需求,但也有一些养老理财产品仅在名称上体现了养老主题,而在条款设置、投资策略上与其他非养老理财产品相比并无显著差别。

总体来看,养老金融市场需求大,但优质供给依然有较大提升空间,市场潜力仍可继续释放,这将是新一轮政策、规划努力的方向。

老年人用品和设施政策解读

杨雨同

一、"设施"和"用品"是养老服务提质增效的物质基础

随着我国老龄人口数量增长,老年人设施开始呈现明显的供给不足的现象;老年用品市场则逐渐暴露出产品落后、竞争同质化问题,无法适应日益多元化的市场需求。老年用品市场尚未形成合理的竞争机制,缺少领军企业及品牌,导致产品迭代缓慢,无法满足"新老年人"的高品质生活需求。

上述问题制约了我国养老服务的发展,亟须得到政策的引导与支持。自"十五"以来,我国老龄事业发展规划在老年人设施和老年用品方面给予了足够的重视,不断出台有关指导意见与具体措施,加快基础设施建设,推动老人用品市场快速发展。

"老年人设施"与"老年用品"之间,以"养老服务"为纽带,存在着相互依托的关系:设施建设推动专业养老服务市场发展,同时促进老年用品向高值、高科技含量方向发展;而老年用品市场繁荣,将迅速培养起老年人消费市场,形成消费意识和消费习惯,进而推动消费者产生购买专业养老服务的需求。因而必须同时推动"设施"建设与"用品"市场发展,围绕"养老服务"构建起正确的市场机制,才能促成"银发经济"的良性循环,带动更多社会资源投入养老服务产业,以实现我国养老服务的提质增效。

二、加速推进老年人设施规划建设，提质增量

老年人设施是专为老年人服务的公共服务设施的统称，是推动养老服务发展、建设老年人宜居环境的物质基础。长期以来，老年人设施建设一直受到有关部门的高度关注。不同时期的老龄事业发展规划中所体现的政策关注重点也有所不同：

■ "十五"期间

在老年人照料服务专题中，首次提出初步建成养老设施网络的任务，并提出加大投入、提供优惠政策、制定完善设施建设和设计标准的具体措施，奠定了政策基调。

■ "十一五"期间

首次出现"老龄事业基础设施建设"专题，将基础设施划分为"公共服务设施、养老服务设施、住房和生活环境"三大类。重点提升养老服务设施覆盖率，以及老年住房和生活环境的标准体系的制定完善。

■ "十二五"期间

全面推行城乡建设涉老工程相关标准。延续十一五的设施分类并进一步细化设施建设重点为：

□ 家庭无障碍改造；

□ 社区养老设施及专业养老机构建设；

□ 适老化生活环境打造。

■ "十三五"期间

提出四项重点任务：

□ 加强社区养老服务设施建设；

□ 推动农村特困人员供养服务机构服务设施和服务质量达标；

□ 推动设施无障碍建设和改造；

□ 营造安全绿色便利生活环境。

围绕老年人设施政策关注重点，我们整理了 2010—2020 年重要的专项政策，并归纳出"设施建设"及"重点帮扶"两条政策主线，在后续的政策分析中会分别详细展开。

（一）老年人设施标准体系日趋完善，为养老服务打下扎实基础

我国老年人设施建设标准体系制定较早。早在 2003 年，我国就对老年人居住建筑出台了标准进行相应的规范。2006 年 9 月，全国老龄办发布的《中国老龄事业发展"十一五"规划》强调，"制定和完善各类老年设施的建设标准和技术标准"；"十二五"至"十三五"时期是有关标准体系出台的高峰期。

"十二五"期间，我国首次出台了针对养老设施的标准，对养老设施进行了分类分级，为后续养老服务的市场化提供了规范基础。

"十三五"期间，老年人设施标准有关政策进入了高速迭代期，三次废止原先的老年人设施标准，并最终将"老年人居住建筑标准"与"养老设施标准"合并为"老年人照料设施标准"，为养老地产的合规性提供了支撑，同时也契合了 2017 年 2 月国务院发布的《"十三五"国家老龄事业发展和养老体系建设规划》中提出的"居家养老为基础，社区养老为依托，机构养老为补充"的发展目标。

上述标准将养老设施建筑从使用功能维度大致分为生活用房、文娱与健身用房、康复与医疗用房、管理服务用房。针对无障碍设计、室内环境、卫生安全等都规范了特殊要求，为保障与提升养老服务质量、适应养老服务运营模式、保证照料服务有效开展打下了扎实的基础。

（二）政策重心调整，聚焦居家及社区养老设施建设

"十二五"之前，与老年人设施相关的政策主要聚焦于养老服务设施建设，直至 2011 年 12 月国务院发布的《社会养老服务体系建设规划（2011—2015 年）》重新明确了老年人设施的建设任务，将老年人设施分为居家养老、社区养老和机构养老。这一建设体系也为后续政策所沿用：

■ 改善居家养老环境

健全居家养老服务支持体系。以社区日间照料中心和专业化养老机构为重点，通过新建、改扩建和购置，提升社会养老服务设施水平。

■ 城乡社区养老层面

重点建设老年人日间照料中心、托老所、老年人活动中心、互助式养老服务中心等社区养老设施，推进社区综合服务设施增强养老服务功能，使日间照料服务基本覆盖城市社区和半数以上的农村社区。

■ 居家养老层面

支持有需求的老年人实施家庭无障碍设施改造。扶持居家服务机构发展，进一步开发和完善服务内容和项目，为老年人居家养老提供便利服务。

■ 机构养老层面

重点推进供养型、养护型、医护型养老设施建设。县级以上城市，至少建有一处以收养失能、半失能老年人为主的老年养护设施。在国家和省级层面，建设若干具有实训功能的养老服务设施。

2014年，政府密集出台政策，逐渐调整政策重心，体现出"从居家适老化改造到宜居环境建设"的趋势，逐渐将重点放在居家适老化建筑改造与建设，并以外部适老居住环境建设为辅助支撑。这一趋势也与北京、上海两地率先分别提出的"9073"和"9064"模式相契合，体现出以居家养老为主的模式得到了政策的认可。由此可以预估，未来的政策仍将持续关注居家适老化改造和适老化环境打造。

（三）建立养老服务设施"四同步"机制，深化"放管服"改革

在社区养老设施和专业养老机构方面，政策强调深化"放管服"，在合理规划的前提下，加快建设速度，加大监管力度。

自2016年7月民政部、财政部《关于中央财政支持开展居家和社区养老服务改革试点工作的通知》（民函〔2016〕200号）印发以来，"十三五"期间，我国共计投入财政资金50亿元，支持和指导203个地市开展改革试点，建立健全养老服务设施"四同步"（同步规划、同步建设、同步验收、同步交付）工作机制是改革的重点内容。广东湛江、深圳龙华、福建漳州、山东青岛、贵州遵义等多地先后出台地方政策，开展养老服务设施"四同步"试点改革，明确部门职能分工和机制流程。

建立该机制的意义在于，在加快落地的同时加强监管，对养老服务设施的分布进行合理规划，同时确保已落成设施的养老服务用途，串联起养老服务设施建设与后续服务质量监管。该机制同样对整改规划未编制、新建住宅小区与配套养老服务设施未落实、未达标等问题提供了解决方案，强化了社区养老环境建设与监管。

2018年年底，政策对城镇老年人设施规划标准进行了修订。

2019年6月，自然资源部起草了《关于加强规划和用地保障促进养老服务发展的意见（征求意见稿）》，提出"合理规划养老服务设施空间布局，切实保障养老服务设施用地供应，加强养老服务设施用地服务和监管"。

2019年12月，自然资源部《关于加强规划和用地保障支持养老服务发展的指导意见》（自然资规〔2019〕3号）提出，"合理界定、统筹规划、保障规范用地供应、加强用地服务和监管"。

这一系列政策进一步深化了"放管服"，同时保障养老设施建设用地供应。之后，内蒙古、广西、山东、海南、广东、江苏、辽宁等地纷纷出台地方文件或新政策，强调地区对养老设施建设的政策支持，强化对养老设施建设用地的供应保障及补贴，并加大对社区养老服务设施配套建设的监管力度。

（四）出台供养服务设施专项政策，加大特困人员养老帮扶力度

在"重点帮扶"方面，作为养老社会保障的救助部分，"十三五"期间我国出台了一系列专项政策，以加快特困人员（老人）供养服务设施的改造升级。政策要求优先确保帮扶特困人员专用设施全面覆盖，并加大帮扶力度，对现有专用设施进行改造升级；同时明确落实帮扶工作责任制，加强考核评估。

三、政策激励老年用品产业创新，推进社区租赁服务开展

老年用品主要包括老年服装服饰、日用辅助产品、养老照护产品、康复训练及健康促进辅具、适老化环境改善等产品。我国老年用品市场目前尚未成熟，产业集中度低，竞争同质化，未形成规模效应和集聚效应，尚无有效的标准体系。但从不同时期《老龄事业发展规划》可以明显看出，老年用品受政策关注度持续提升：

■"十五"期间老年用品未受到政策关注。

■"十一五"期间在老龄产业专题中涉及：
积极开发老年用品市场；鼓励和扶持开发老年用品，引导企业生产满足老年人各种需求的门类齐全、品种多样、经济适用的老年用品。

■"十二五"期间在老龄产业专题中涉及：
培育壮大老年用品消费市场；促进老年用品、用具和服务产品开发。重视康复辅具、电子呼救等老年特需产品的研究开发；研究制定老年产品用品质量标准，加强市场监督管理。

■"十三五"期间首次出现老年用品专题：
增加老年用品供给；推进老年人适用产品、技术的研发和应用；加强老年用品测试和质量监管；
提升老年用品科技含量；支持推动老年用品产业领域大众创业、万众创新；支持老年用品相关科研项目；支持老年用品相关科技成果转化。

"十三五"时期，老年用品开始受到政策重点关注，以"老年用品"为主题的指导意见和专项政策均来自这一时期。目前有关政策主要分为"推动老年用品产业创新"与"推动老年用品社区租赁服务"两条主线。"康复辅助器具"是政策的核心关注领域，"智能健康养老服务产品"这一概念也

在 2017 年 2 月由工业和信息化部、民政部、国家卫生计生委联合印发的《智慧健康养老产业发展行动计划(2017—2020 年)》中首次被提及。

(一) 推动康复辅具创新升级,促进老年用品产业发展

自 2017 年以来,国家出台的有关政策均重点关注"康复辅助器具产业"的创新,并开展了两批康复辅助器具产业综合创新试点(首批 12 个地级市、次批 15 个地级市,共 27 个地级市)。

2019 年 12 月,工业和信息化部、民政部、国家卫健委、国家市监总局、全国老龄办联合发布了《关于促进老年用品产业发展的指导意见》(工信部联消费〔2019〕292 号)。这是围绕老年用品产业的首部指导意见,提出了三项重要举措:

■ 促进各领域老年用品创新升级	■ 夯实老年用品产业发展基础	■ 加大组织保障实施力度
发展功能性老年服装服饰;	增强产业创新能力(针对上述产品的核心技术);	发挥地方优势,培育经济新增长点;
发展智能化日用辅助产品;	加快构建标准体系(针对上述产品);	加大创新投入,提升产品供给能力;
发展安全便利养老照护产品;	提升质量保证水平;	完善产业政策,推进行业应用推广;
发展康复训练及健康促进辅具;	推动智能产品应用;	优化消费环境,培育规范消费市场;
发展适老化环境改善产品。	强化知名品牌建设。	发挥协会作用,提高行业服务能力。

该文件为老年用品产业创新提供了重要指引,但目前尚未出台更具体的实施意见。其余专项政策主要围绕构建良好的康复辅助器具产业创新环境,提出了培养产业创新人才、搭建创新平台、优化产业空间布局、促进国际合作、加强产业服务网络建设、推进政产学研用模式创新、营造良好市场环境等多条举措。政策均以康复辅助器具产业为核心突破点,培育市场主体,培育老年用品市场消费习惯,带动老年服装服饰、日用辅助

产品、养老照护产品、适老化环境改善产品产业共同发展。

（二）推动老年用品社区租赁服务，与时俱进发展"共享养老"

共享养老是一种快速兴起的新型养老方式，是互联网与共享模式和养老服务融合发展的结果。其发展一方面顺应了我国共享经济发展的良好势头，另一方面可以有效地将老人所需的养老服务与大量闲散的社会养老资源进行整合、对接，以实现社会化、精准化养老的服务形态，适应了我国国情及老年用品产业发展的现状。

从 2018 年起，老年用品社区租赁服务开始得到政策的关注与支持，此后在全国 13 个地区开展了模式试点（不包含康复辅助器具产业第二批 15 个地区），目前仍主要聚焦于康复辅助器具租赁。

总体而言，我国老年用品产业及市场仍处于发展初期，政策目前主要聚焦于打造良好的产业发展环境和引导产业发展方向，未来在标准、监管、服务体系建设等方面，仍需不断出台有关政策，以促进产业良性发展。

老年社会保障政策解读

杨雨同

一、强化老年社会保障体系建设，应对老龄化挑战

我国已实现全面建成小康社会，但也面临劳动人口占比减小、人口红利逐渐消失、老龄化日益加深、养老压力日益加重的问题。"未富先老"使财政负担进一步加重。

与此同时，我国应对老龄化的社会养老和医疗保障水平较低，补充保障发展滞后，总体可持续性不足。为解决这些问题，政策围绕利用好市场机制与社会资源、扩大老年社会保障覆盖面并提高老年社会保障质量而持续努力。

我们统计了 2010—2020 年国家层面的老年社会保障有关政策。其中涉及老年社会保险的有 33 个（政策重心），涉及老年社会救助的有 10个，涉及老年社会福利、慈善、公益的有 5 个。

二、养老保险体系改革细化，承担保障中坚力量

养老保险是保障的核心。在家庭结构小型化导致家庭保障功能急剧弱化的情况下，养老保险重要性愈发凸显。

我国养老保险体系建设起步较早，并随社会环境变化不断迭代，"横

向多支柱、纵向多层次"的体系已较为稳定,险种及覆盖面仍不断扩张。

2019 年 11 月,中共中央、国务院印发的《国家积极应对人口老龄化中长期规划》提出,我国已初步构建以基本养老保险为主、年金养老保险为补充、商业养老保险为辅的"三支柱"体系,未来政策仍将致力于"公平、可持续、提质增量"。

(一) 需求多层次覆盖、筹资多支柱支撑的养老保险体系

1991 年 6 月,国务院《关于企业职工养老保险制度改革的决定》(国发〔1991〕33 号,简称《企职改》)提出"逐步建立起基本养老保险与企业补充养老保险和职工个人储蓄性养老保险相结合的制度",规定养老保险费由政、企、个人共担,标志着单一养老保险制度结束,多层次发展思路初步形成。1993 年 11 月,中共中央通过《关于建立社会主义市场经济体制若干问题的决定》(中国共产党第十四届中央委员会第三次全体会议 1993年 11 月 14 日通过),文件中正式提出"多层次"概念。

2018 年 4 月,财政部、税务总局、人力资源社会保障部等五部门联合印发的《关于开展个人税收递延型商业养老保险试点的通知》(财税〔2018〕22 号)提出,"推进多层次养老保险体系建设,对养老保险第三支柱进行有益探索",首次正式采用"支柱"概念。

此后,2020 年 11 月,中共中央印发的《中共中央关于制定国民经济和社会发展第十四个五年规划和二〇三五年远景目标的建议》(2020 年10 月 29 日中国共产党第十九届中央委员会第五次全体会议通过)提出了"发展多层次、多支柱养老保险体系"的目标,明确了改革方向。

多层次强调养老保险需求高低差异,是体系的纵向构成;多支柱是指筹资来源多样性,强调多主体责任共担,是体系的横向构成。纵横交互结合,形成全面可持续的养老保险体系。

(二) 基本养老保险改革,构建全覆盖、更完善的第一支柱

基本养老保险基金由企业和个人缴费及政府补贴组成,是用于支付基本养老金及其他法定待遇的专项资金。我国基本养老保险基金由城乡居民基本养老保险、企业职工基本养老保险及机关事业单位基本养老保险组成。

1991 年,《企职改》提出以企业职工养老保险为切入点对原单一养老保险制度进行调整。1995 年 3 月,国务院发布的《关于深化企业职工养老保险制度改革的通知》(国发〔1995〕6 号)首次提出"社会统筹与个人账户相结合的模式"。2000 年 12 月,国务院印发的《关于完善城镇社会保障体系的试点方案》(国发〔2000〕42 号)进一步完善了社会统筹基金与个人账户基金分别管理的模式,为现行体系打下了基础。

2009 年 9 月,国务院《关于开展新型农村社会养老保险试点的指导意见》(国发〔2009〕32 号)和 2011 年 6 月国务院《关于开展城镇居民社会养老保险试点的指导意见》(国发〔2011〕18 号)将城乡居民纳入保障范围。2014 年 2 月国务院《关于建立统一的城乡居民基本养老保险制度的意见》(国发〔2014〕8 号)正式合并新型农村社会养老保险和城镇居民社会养老保险,建立统一的城乡居民基本养老保险制度,成为体系的重要组成部分。

2008 年 2 月,国务院发布《事业单位工作人员养老保险制度改革试点方案》(国发〔2008〕10 号),启动机关事业单位养老保险改革试点;2015 年 1 月,国务院《关于机关事业单位工作人员养老保险制度改革的决定》(国发〔2015〕2 号)推动了养老保险制度改革在全国范围内的推广。

2014 年 12 月,国务院作出《养老保险制度改革方案》报告(第十二届全国人大常委会第十二次会议),提出"一个统一,五个同步"重要改革思路,统一党政机关、事业单位与企业的基本养老保险制度,实行单位和个人缴费,改革退休费计发办法,从制度和机制上化解"双轨制"矛盾。

1991—2014年,基本保障覆盖面逐渐扩大,体系基本确立,满足了"多层次"中最低层次社会共济、风险分担、缓解老年贫困问题的需求,"第一支柱"基本形成。

(三)有序发展年金养老保险,初步构建第二支柱

年金养老保险制度对基本养老保险制度起到了"保值增值"的补充作用,保障老年人退休后的收入,满足了中间层次老年人基本生活水平保障的需求。

2004年1月,劳动和社会保障部发布《企业年金试行办法》(中华人民共和国劳动和社会保障部令第20号);2004年2月,劳动和社会保障部等四部委联合发布《企业年金基金管理试行办法》(中华人民共和国劳动和社会保障部令第23号);2004年12月,劳动和社会保障部发布《企业年金基金管理机构资格认定暂行办法》(中华人民共和国劳动和社会保障部令第24号)。上述办法的相继发布,标志着企业年金制度起步探索。2011年9月,国务院发布《中国老龄事业发展"十二五"规划》,正式将企业年金及职业年金制度纳入发展规划。

2011—2013年,年金制度进入发展加速期。2011年2月,人力资源社会保障部等四部委联合发布《企业年金基金管理办法》(中华人民共和国人力资源和社会保障部令第11号);2012年12月,财政部印发《国有金融企业年金管理办法》(财金〔2012〕159号);2013年3月,人力资源社会保障部等三部委联合发布《关于企业年金养老金产品有关问题的通知》(人社部发〔2013〕24号),规范了企业年金的管理及产品。2017年12月,人力资源社会保障部、财政部联合发布《企业年金办法》(中华人民共和国人力资源和社会保障部中华人民共和国财政部令第36号),较先前的试行办法完善了监管规定,企业年金制度步入正轨。

职业年金起步相对较晚。2015年4月国务院办公厅印发的《机关事业单位职业年金办法》(国办发〔2015〕18号)和2017年1月人力资源社

会保障部、财政部联合印发的《机关事业单位基本养老保险关系和职业年金转移接续有关问题》(人社部规〔2017〕1号)初步构建起职业年金制度的雏形。

2004—2017年,年金养老保险不断完善并有序发展,"第二支柱"初步形成,预计仍将继续优化。

(四)商业养老保险加快发展,将形成第三支柱

2017年7月,国务院办公厅《关于加快发展商业养老保险的若干意见》(国办发〔2017〕59号)明确要求创新商业养老保险产品和服务、促进养老服务业健康发展、推进商业养老保险资金安全稳健运营、提升管理服务水平、完善支持政策,并提出"建立运营安全稳健、产品形态多样、服务领域较广、专业能力较强、持续适度盈利、经营诚信规范的商业养老保险体系"的发展目标。

商业养老保险制度尚处起步阶段,未来有望释放出巨大潜力,发挥"第三支柱"作用,使多层次养老保障体系更具选择多样性、风险可控性和发展可持续性。

(五)健全医保制度,向老年人倾斜照顾

老年人医疗保险在2011年9月国务院印发的《中国老龄事业发展"十二五"规划》和2017年2月国务院印发的《"十三五"国家老龄事业发展和养老体系建设规划》中均有提及。这两份文件分别提出了"完善基本医疗保险制度"和"健全医疗保险制度"的任务。

虽然目前尚无针对老年人医保制度的专项政策,但在筹资及待遇等政策设置上均对老年人提供了一定的优惠照顾:

■ 职工医保参保人中,达到退休年龄时缴费年限达到规定的,退休后不再缴纳医保,按国家规定享受基本医保待遇,并对退休人员个人账户的计入方式和个人负担医疗费的比例给予适当照顾和倾斜。

■ 在城乡居民基本医保参保补助标准稳步提高的基础上,部分地区对老年人在筹资上进行倾斜照顾。

■ 结合老年人患病状况,部分地区将一些慢性病(特殊疾病)门诊医疗费用、家庭病床医疗服务项目等纳入支付范围并提高报销比例。2019年10月,国家医保局等四部委联合发布的《关于完善城乡居民高血压糖尿病门诊用药保障机制的指导意见》(医保发〔2019〕54号),将老年人常见的高血压、糖尿病纳入统筹基金支付范围,政策范围内支付比例达到50%以上。

■ 医疗救助新增将低收入家庭中的老年人纳入资助范围。

此外,在2020年12月国家医疗保障局发布的《国家医疗保障局关于政协十三届全国委员会第三次会议第1782号(医疗体育类203号)提案答复的函》(医保函〔2020〕215号)中提到,为进一步提高老年人门诊保障水平,医保局正研究推动健全职工医疗保险门诊共济保障机制,拟拓宽个人账户使用范围,探索职工医保个人账户用于家庭成员参加城乡居民基本医疗保险等的个人缴费,推动实现家庭共济。未来也将在相关法律法规制定中积极研提意见,力争明确强制参保有关规定。

(六)提高基本养老金标准,促进老年社会保障公平、可持续

自2014年基本养老保险制度基本建成,老年社会保障体系就开始向公平、可持续的方向不断优化。

1. 基本养老金不断上调

1997年7月,国务院《关于建立统一的企业职工基本养老保险制度的决定》(国发〔1997〕26号)提出,建立基本养老金正常调整机制;直至2020年,全国退休人员基本养老金16次上调,老年人生活总体得到改善。

2. 企业和个人经济负担不断缓解

2016年4月和2018年4月,人力资源社会保障部与财政部联合印发

的《关于阶段性降低社会保险费率的通知》(人社部发〔2016〕36 号)、《关于继续阶段性降低社会保险费率的通知》(人社部发〔2018〕25 号)相继出台,减负力度不断加大。

2019 年 4 月,国务院办公厅印发的《降低社会保险费率综合方案》(国办发〔2019〕13 号)提出,降低单位缴费比例、降低失业和工伤保险费率、调整社保缴费基数、推进省级统筹、提高中央调剂比例;同月,人力资源社会保障部等四部委联合发布的《关于贯彻落实〈降低社会保险费率综合方案〉的通知》(人社部发〔2019〕35 号)要求加快研究制定实施办法并做好实施工作,推动减负落地。

3. 通过养老基金投资管理实现可持续保障

为满足养老基金保值增值需要,规范养老金投资管理运作,2011 年 2 月人力资源社会保障部等四部委联合发布《企业年金基金管理办法》。2015 年 8 月国务院《基本养老保险基金投资管理办法》(国发〔2015〕48 号)和 2018 年 6 月国务院《关于建立企业职工基本养老保险基金中央调剂制度的通知》(国发〔2018〕18 号)等文件相继出台,要求加强基金管理,完善投资政策,拓宽投资渠道,积极稳妥开展养老基金的投资运营。此举增强了养老基金的支撑能力,促进制度可持续发展。

4. 推进省级统筹,促进公平发展

省级统筹是全国统筹的前提,是公平发展的直观体现。当前各地养老金费率、基数不同,地方政府制度套利明显,造成地区间缴费负担不均、资金积累存在差异。

2020 年 2 月,中央全面深化改革委员会第十二次会议审议通过了《企业职工基本养老保险全国统筹改革方案》,提出"坚持公平统一、权责一致、循序渐进,推动养老保险全国统筹制度更加公平更可持续,全面建成覆盖全民、城乡统筹、权责清晰、保障适度、可持续的多层次社会保障体系"的目标。统筹有序,协调发展,是未来政策焦点。

三、发展救助、福利、公益,构建完善的保障补充体系

救助、福利、公益慈善等共同构建起老年社会保障补充体系。随着养老保险体系日趋完善,政策对老年人社会救助重视度提升,老年人社会福利制度不断细化,进一步确保了全面优质保障。

(一)救助制度不断完善,努力实现应救尽救、应养尽养

老年人社会救助主要为特困人群保障基本生活,维护基本权益,促进老年人生活质量平衡发展,是保障体系中"托底线"的重要部分。各阶段"老龄事业发展规划"均对老年人社会救助有明确表述。

"十五"时期至"十二五"时期,老年人社会救助处于发展初期,逐步探索完善适合城乡的救助制度,明确细化社会救助及供养人群画像,从城到乡逐步扩大救助范围。

■ "十五"期间

确定政府救济和社会互助相结合的原则;

构建多层次、多元化、多项目的贫困老人救助体系;

通过政府救济和社会互助,多渠道筹集资金,对特殊困难的老人实行临时性救助。

■ "十一五"期间

在城市,贫困老年人全部被纳入最低生活保障范围;

在农村,完善农村特困户生活救助制度,将不具备劳动能力的贫困老年人纳入救助范围;

探索建立独生子女家庭老年人扶助制度。

■ **"十二五"期间**

完善城乡最低生活保障制度,将符合条件的老年人全部纳入最低生活保障范围;

适时提升最低生活保障和农村五保供养标准;

完善城乡医疗救助制度,解决基本医疗保障问题;

完善临时救助制度,应对突发灾病。

■ **"十三五"期间**

确保所有符合条件的老年人纳入社会救助制度保障范围;

完善医疗救助制度,全面开展重特大疾病医疗救助,逐步将低收入家庭老年人纳入救助范围;

完善临时救助制度,按规定对流浪乞讨、遭受遗弃等生活无着老年人给予救助;

落实农村最低生活保障制度与扶贫开发政策有效衔接有关政策要求,确保现行扶贫标准下农村贫困老年人脱贫。

"十二五"末,社会救助被纳入脱贫攻坚重要举措,进入政策高峰期。2014 年 2 月,国务院发布《社会救助暂行办法》(中华人民共和国国务院令第 649 号),对特困老年人最低生活保障、供养、医疗救助、临时救助提出了明确要求。同年 9 月,财政部、民政部、全国老龄工作委员会办公室联合发布《关于建立健全经济困难的高龄失能等老年人补贴制度的通知》(财社〔2014〕113 号),明确了补贴范围、内容、标准、方式、经费保障,初步构建起针对性救助补贴制度;同年 10 月,国务院发布《国务院关于全面建立临时救助制度的通知》(国发〔2014〕47 号),规范了对特困人员的临时救助。

"十三五"期间,老年人社会救助制度不断落实优化,内容不断细化,质量不断提升。2016 年 2 月国务院《关于进一步健全特困人员救助供养制度的意见》(国发〔2016〕14 号)提出"坚持托底供养、坚持属地管理、坚持城乡统筹、坚持适度保障、坚持社会参与"五项基本原则,强调"应救尽救、应养尽养",明确了救助供养内容、标准、形式,进一步提升了保障底线。老年社会救助进入全面覆盖阶段。

根据 2019 年 3 月国务院《关于修改部分行政法规的决定》(国务院令

第 709 号)的精神,国务院对《社会救助暂行办法》进行修订,继续提升对弱势群体救助的力度;2020 年 4 月,中共中央办公厅、国务院办公厅印发《关于改革完善社会救助制度的意见》(中办发〔2020〕18 号),提出了主要目标:健全分层分类、城乡统筹的中国特色社会救助体系;完备法律法规,确保体制高效顺畅运行。老年社会救助进入提质增效阶段。

(二)长护险关注失能老人救护,未来将向基本保障转型

2016 年 7 月,人力资源社会保障部办公厅发布《人力资源社会保障部办公厅关于开展长期护理保险制度试点的指导意见》(人社厅发〔2016〕80 号),指出探索建立长期护理保险制度,是应对人口老龄化、促进社会经济发展的战略举措,是健全社会保障体系的重要制度安排。长护险建立之初,保障对象限于"长期处于失能状态的参保人群",现行专项政策也都围绕救助展开。

随着制度完善,长护险保障范围呈扩大趋势。2020 年 9 月,国家医保局、财政部发布《关于扩大长期护理保险制度试点的指导意见》(医保发〔2020〕37 号),新增了"有条件地区可随试点探索深入,综合考虑经济发展水平、资金筹集能力和保障需要等因素,逐步扩大参保对象范围"的表述。随即,京津先后出台调整、落实措施,预计一二线城市会优先跟进。未来,长护险有望转变为基本保障。

(三)加强福利机构建设,打造社会化普惠型老年社会福利体系

"十五"之前,我国社会福利体系薄弱,主要由国家包办,存在资金不足、福利机构少、服务水平低等问题。"十五"期间,国家围绕推动福利社会化出台了多项政策。2000 年 2 月,民政部等十一部委联合印发并由国务院办公厅转发的《关于加快实现社会福利社会化的意见》提出,"国家兴办社会福利机构为示范、其他多种所有制形式社会福利机构为骨干、社区福利服务为依托、居家供养为基础的社会福利服务网络",奠定了政策基

调。后续 2000 年 11 月,财政部与国家税务总局联合发布了《关于对老年服务机构有关税收政策问题的通知》(财税〔2000〕97 号);2001 年 2 月,民政部发布了《老年人社会福利机构基本规范》(MZ008—2001);2005 年 11 月,民政部印发了《关于支持社会力量兴办社会福利机构的意见》(民发〔2005〕170 号)。经上均以福利机构为核心,从税收补贴、标准规范、社会化激励维度,对福利体系进行支撑。

自"十一五"起,老年社会福利制度开始被纳入"老龄事业发展规划"。

■ **"十一五"时期**
立足发展补缺型的老年社会福利事业;兼顾发展面向全体社会公众的普惠型的老年福利事业。

■ **"十二五"时期**
发展适度普惠型的老年社会福利事业。

■ **"十三五"时期**
着力保障特殊困难老年人的养老服务需求;确保人人能够享有基本养老服务。

"十一五"时期至"十三五"时期的规划对老年社会福利制度的发展定位逐渐从"补缺型"转向"普惠型"。

2013 年 12 月,全国老龄办等二十四部委联合发布的《关于进一步加强老年人优待工作的意见》(全国老龄办发〔2013〕97 号)相较于 2005 年全国老龄办等二十一部委联合发布的《关于加强老年人优待工作的意见》(全国老龄办发〔2005〕46 号)体系更加完善,拓宽了多项福利面向的人群。

"十三五"时期,老年人补贴制度已在全国多省市推广。根据 2016 年 8 月民政部办公厅下发的《关于在全国省级层面建立老年人补贴制度情况的通报》(民办函〔2016〕280 号),全国有 26 个省(区、市)出台了高龄津贴方面的相关补贴政策,20 个省(区、市)出台了养老服务补贴方面的相关补贴政策,17 个省(区、市)出台了护理补贴方面的相关补贴政策,同时要求各地学习借鉴,以普惠性、均等化、可持续为方向,加快建立惠民制度。

然而，我国老年社会福利目前尚无统一实施标准，主要根据地方经济情况，在最低标准之上自行量度，不同地区差异较大。这一现象预计仍将持续较长时间。

（四）老年公益慈善体系薄弱，仍需加大政策支持

公益慈善是老年社会保障的补充部分，旨在发动、利用社会力量，完善老年社会保障体系，营造适老宜居的社会文化环境。

我国老年公益慈善体系建设迟缓。"十三五"期间，老年公益慈善首次被纳入《"十三五"国家老龄事业发展和养老体系建设规划》。目前相关政策文件较少，主要涉及彩票公益金在老龄事业发展中的应用保障。

养老专业教育政策解读

杨雨同

一、直面行业短板问题，聚焦人才培养与老年教育构建政策体系

随着人口老龄化时代的到来，养老服务业对人才的需求越来越迫切。我国养老服务业人才培养一直存在规模小、层次单一、质量参差不齐等问题，一定程度上制约了产业的快速发展，于是养老产业有关"人的教育与培养"——"养老专业教育"成为产业良性发展的核心问题。

"养老专业教育"包括养老教育和技能培训、家庭护老技能培训、老年教育、养老人力资源服务、老年人人力资源开发服务、院校体系建设等方面。过去十年，我国有关养老专业教育的产业政策主要集中于养老教育和技能培训、老年教育两个方面。

自2011年以来，我国有关"养老专业教育"的政策主要以三种形式存在：一是融合在宏观政策与规划中，如老龄事业规划、加快养老服务业发展意见等；二是体现为与养老专业教育紧密相关的专业规划中，如老年教育发展规划等；三是体现为与人才教育与培养相关的专项政策中，多以"通知""意见""实施方案""标准规范"等形式发布。

十年来，国家发布的《老年教育发展规划（2016—2020）》（国办发〔2016〕74号）、国务院《关于加快发展养老服务业的若干意见》、国务院办公厅《关于推进养老服务发展的意见》、教育部等九部门《关于加快推进养老服务业人才培养的意见》和教育部办公厅等七部门《关于教育支持社会

服务产业发展提高紧缺人才培养培训质量的意见》（教职成厅〔2019〕3号）等与养老产业"人的教育与培养"问题相关的核心政策对养老专业教育发展产生了重大影响。

二、政策要求政府、院校、企业多方联动，形成养老人才培养的支撑体系

综观近十年来的养老政策，养老人才培养一直是政策的核心命题。这说明国家层面对我国养老服务行业人才紧缺、行业不规范、师资力量不足、从业人员社会认同度不高等问题始终有着清醒的认识，为了有效解决养老人才短板，政策上要求发挥各种力量，围绕政府、院校、企业多方联动，逐步形成养老人才多渠道、多层次、体系化培养的支撑体系。

（一）政府层面从宏观政策到配套规范，尽可能提供政策保障

2013年9月，国务院《关于加快发展养老服务业的若干意见》首次提到"老年服务与管理专业作为新兴专业，政府应该结合市场需求及人才培养规律，制订相应的人才发展规划，并出台切实可行的政策予以保障"。该文件第三部分"政策措施"之第五条"完善人才培养与就业政策"还对养老服务人才培养与学生就业做了专门的论述。虽然实施细则和落实方面仍待后续完善补充，但仍然体现出国家层面对养老人才培养问题的重视程度。

2019年4月发布的《关于推进养老服务发展的意见》针对养老人才供需关系的矛盾，提出"建立完善养老护理员职业技能等级认定和教育培训制度""大力推进养老服务业吸纳就业""建立养老服务褒扬机制"等三项举措，指出要从以下五个方面搭建起政府主导的政策保障体系：

■ 把养老服务、养老护理相关的人才培养作为职业技能培训的一个重

点内容。

■ 引导和支持技工院校开设相关的养老护理服务专业,推动教学改革,提高人才培养质量。

■ 把养老护理相关的专门人才培养列入急需紧缺人才培养目录当中,落实相应的补贴政策。

■ 推动用人单位和有关培训评价组织开展养老护理人才职业技能等级评价工作。

■ 加大养老服务方面就业创业的扶持政策落实力度。

■ 促进提高养老护理专业人才的经济待遇和社会地位。

为落实以上政策,国家层面先后出台了一些配套性政策文件或规范,将政策细化、目标明确化、工作规范化。如:

■ 2013 年 11 月,民政部办公厅印发了《关于开展全国养老护理员远程培训工作的通知》(民办函〔2013〕376 号)。

■ 2014 年 6 月,教育部等九部委发布了《关于加快推进养老服务业人才培养的意见》。

■ 2019 年 9 月,国家卫健委下发了《关于开展老年护理需求评估和规范服务工作的通知》(国卫扶贫发〔2019〕45 号)。

■ 2019 年 12 月,国家卫健委、中医药管理局印发了《老年护理专业护士培训大纲(试行)和老年护理实践指南(试行)》(国卫办医函〔2019〕898 号)。

■ 2020 年 6 月,民政部养老服务司发布了《养老护理员培训大纲(征求意见稿)》。

■ 2020 年 9 月,国家医保局、财政部发布了《关于扩大长期护理保险制度试点的指导意见》(医保发〔2020〕37 号)等。

值得一提的是,北京市和上海市在养老教育与技能培训等方面一直走在全国前列。上海市于 2019 年 7 月由上海市人社局、民政局、卫健委、医保局联合发布了《关于规范本市养老护理人员职业技能补贴培训实施工作的通知》(沪人社职〔2019〕280 号),北京市于 2019 年 12 月由北京市卫健委、人社局、财政局、市监局、中医管理局联合发布了《北京市加强医疗护理员培训和规范管理工作实施方案》(京政办发〔2019〕18 号)。两地有关政策的实施为民政部养老服务司于 2020 年 6 月发布《养老护理员培训大纲(征求意见稿)》奠定了实践基础。

此外,京沪两地在"长护险"试点方面也领先于全国其他地区。上海市人民政府早在 2017 年 12 月就已出台《上海市长期护理保险试点办法》(沪府发〔2017〕97 号),北京市于 2019 年 4 月发布了《北京市民政局关于面向社会公开招募老年人能力综合评估机构和培训机构的通知》(京民养老发〔2019〕83 号)。两地都积极储备为"长护险"推广所需要的专业人才,两地的实践也为 2020 年 9 月《国家医保局 财政部关于扩大长期护理保险制度试点的指导意见》(医保发〔2020〕37 号)的出台提供了探索经验和前期积累。

(二) 政策要求院校集中优质资源,积极培育养老专业教育人才

院校是人才培养的摇篮,承担着教学与科研的双重任务。政策要求以院校为主的养老教育服务机构发挥自身优势,集中优质资源,努力在专业教育与人才培养方面做出成绩。

2014 年 6 月,教育部等九部门发布的《关于加快推进养老服务业人才培养的意见》中明确提出院校要把以下几个方面作为"工作重点":

- 扩大养老服务职业教育人才培养规模。
- 加快发展养老服务本科教育。
- 积极发展养老服务研究生教育。
- 支持养老服务实训基地建设。
- 推进养老服务相关专业点建设。
- 加强养老服务相关专业教材建设。
- 加强养老服务相关专业师资队伍建设。

■ 广泛开展国际交流与合作。

作为养老服务业人才培养的宏观指导性政策,旨在充分调动社会教育体系的资源和力量,确立"培养一支数量充足、结构合理、质量较好的养老服务人才队伍"的目标,以适应和满足新时期养老服务业发展的人才需求。

从各地院校的落实开展情况看,先期还是取得了一些进展。2016 年6 月,教育部、民政部等部门公布了《首批全国职业院校养老服务类示范专业点名单》(教职成厅函〔2016〕31 号);但是,要全面实现《关于加快推进养老服务业人才培养的意见》中提及的"以职业教育为主体,应用型本科和研究生教育层次相互衔接,学历教育和职业培训并重的养老服务人才培养培训体系"的阶段性目标,还需全社会全方位的共同努力。

(三)政策鼓励企业加大投入,企校合作紧密融入养老产业链

企业是人才承载、使用的主体,也是人才价值实现的重要场所。企业作为人才的最终输出端对人才需求、人才培养目标有更明确的要求。因此,养老相关企业既是整个养老产业链的重要一环,也是养老人才教育与培养的最终服务对象。

2019 年 9 月,教育部办公厅等七部门《关于教育支持社会服务产业发展提高紧缺人才培养培训质量的意见》中关于养老人才的培养培训,除了延续性提出"完善学科专业布局""重点扩大技术技能人才培养规模""支持从业人员学历提升"等院校领域内的举措外,还特别指出"推动校企深度合作"。此举旨在支持和鼓励企业承接教师实践锻炼和学生见习实习,深度参与紧缺领域诸如养老产业的人才培养培训,将职业教育与产业发展深度融合与匹配,使其整体纳入一个大产业的体系中。

企业加大投资力度,积极加入"产教融合"中,既能关注到培养质量,又能通过在校学习与企业实践,实现学校与企业资源、信息共享、优势互补的"双赢"。"产教融合"能做到应社会所需、与市场接轨,将实践与理论

相结合,为养老专业教育发展带来新的思路。

三、多层次规划全面布局,老年教育工作步入体系化发展新时期

老年教育是我国教育事业和老龄事业的重要组成部分。发展老年教育,是积极应对人口老龄化、实现教育现代化、建设学习型社会的重要举措,是满足老年人多样化学习需求、提升老年人生活品质、促进社会和谐的必然要求。为此,国家从软件(政策引导)和硬件(现代科技技术、智能设备的运用支持)两个层面出发,双管齐下,对加快发展老年教育、扩大老年教育供给、创新老年教育体制机制、提升老年教育现代化水平等进行全面部署。

(一)在综合性规划中明确任务和目标,将老年教育纳入养老体系建设规划

2011年9月,国务院发布《中国老龄事业发展"十二五"规划》,较早地提出了"加强老年教育工作"的任务,致力于"加大对老年大学(学校)建设的财政投入,积极支持社会力量参与发展老年教育,扩大各级各类老年大学办学规模"。

2017年2月,国务院发布《"十三五"国家老龄事业发展和养老体系建设规划》,在"十二五"基础上,进一步提出"扩大老年教育资源供给,拓展老年教育发展路径",持续加大老年教育支持力度。不仅如此,还以专栏形式对"人才培养工程"做出规划,提出"在养老服务、医养结合、科技助老等重点领域,每年培养造就一批高层次人才"的明确目标,丰富了"养老专业教育"的体系建设,形成以"养老教育和技能培训"和"老年教育"为两大抓手的政策支撑。

（二）发布老年教育专项规划，初步形成中国特色老年教育发展新格局

党的十八大以来，我国老年教育事业快速发展，初步形成了组织、教育、文化、民政、老龄等多部门共同推进老年教育的格局。2016 年 10 月，国务院办公厅发布了有关老年教育的第一个专项规划——《老年教育发展规划(2016—2020)》(国办发〔2016〕74 号)，明确了"十三五"时期我国老年教育工作的指导思想与主要任务。

该专项规划指出，发展老年教育要坚持"党委领导、政府主导、社会参与、全民行动"的老龄工作方针，以扩大老年教育供给为重点，以创新老年教育体制机制为关键，以提高老年人的生命和生活质量为目的，整合社会资源、激发社会活力，提升老年教育现代化水平，让老年人共享改革发展成果，进一步实现老有所教、老有所学、老有所为、老有所乐，努力形成具有中国特色的老年教育发展新格局。

该专项规划还指出，要落实五项主要任务，解决老年教育中存在的突出问题：

- 通过"建立健全'县(市、区)—乡镇(街道)—村(居委会)'三级社区老年教育网络"，扩大老年教育资源供给，力争解决老年教育资源供给不足的问题。

- 通过"丰富老年教育内容和形式，探索养教结合新模式，积极开发老年人力资源，充分发挥老年人的智力优势、经验优势、技能优势"，拓展老年教育发展路径，力争改变"老年教育发展内容贫乏"的局面。

- 通过"互联网、数字电视等渠道，加强优质老年学习资源对农村、边远、贫困、民族地区的辐射"，整合文化体育科技资源服务老年教育，力争使城乡、区域间的老年教育发展水平趋向平衡。

- 通过"政府购买服务、项目合作等多种方式，支持和鼓励各类社会力量通过独资、合资、合作等形式举办或参与老年教育"，促进老年教育与相关产业联动，力争改变老年教育发展模式的单一局面。

■ 通过"加强学科建设与人才培养培训、理论与政策研究和国际交流",打造专业的养老产业人才,力争解决养老产业人才数量的紧缺和专业程度不高等培养问题。

2016 年 10 月,上海市教育委员会、老龄工作委员会办公室发布了《上海市老年教育发展"十三五"规划》(沪教委终〔2016〕16 号);2019 年 2 月,北京市教育委员会、民政局、人社局等部门联合发布了《北京市关于加快发展老年教育的实施意见》(京教职成〔2019〕5 号)。由此,老年教育工作从国家到地方都有了明确的宏观政策指引,为落实有关政策与规划,支撑老年教育发展的各种专项政策、助老工程、实施方案等将会相继出台,老年教育工作势必得到极大的促进。

(三)出台专项政策,聚焦智慧养老,助力老年人跨越"数字鸿沟"

随着科技的进步、时代的发展,智能终端设备大量进入老年人的生活,为了真正实现"老有所学、老有所为"的教育目标,倡导塑造积极、健康、有为的老年人群体形象,在老年教育中出台专项政策聚焦支持"智慧养老","让老年人不与时代脱轨"。

■ 2019 年 7 月中国老年大学协会发布《老年大学 5G 智慧校园建设实施方案(2019—2022)》(中老学协字〔2019〕19 号),助力老年大学的高质量发展,让老年人在课堂上学会基本的信息应用技术。

■ 2020 年 11 月,全国老龄办《关于开展"智慧助老"行动的通知》(全国老龄办发〔2020〕3 号)——帮助老年人学会使用"健康码"等智能技术跨越"数字鸿沟",提升老年人运用智能技术方面的获得感、幸福感、安全感。

■ 2014 年 6 月民政部发布《智能养老物联网应用示范工程》(民办函〔2014〕222 号),遴选出 7 家养老机构,开展国家智能养老物联网应用示范工程试点,建设养老机构智能养老物联网感知体系,探索依托养老机构对周边社区老人的生活和学习创新服务模式,满足人民群众的养老服务新需求。

可以预期,随着时代的快速发展,新事物不断涌现,老年教育需求的背后折射出老年人的需求结构已从生存型向发展型转变——"终身教育"已成为老年人的一大需求。未来的政策与服务也需要与时俱进,由传统的照护型服务向能满足老年人精神文化需求的现代服务业转变,不断满足老年人对产品和服务的多层次、多样化需求。

结语　迎接 50 年的养老行业信风

罗守贵

中国第二波婴儿潮出生的人口即将进入大规模退休年龄,从 1962—1991 年的 30 年,全国平均每年出生的近 2 300 万人将陆续于 2022—2075 年退休。这意味着今后 50 年左右,中国老龄化将持续加速并维持一个庞大的规模,这是养老行业发展的重要机遇期。

资本市场热衷于追逐风口,我们通过这份报告想告诉投资者的是,养老行业与别的行业不太一样,它没有大风、强风,更没有暴风,但它有信风(trade wind)——持续而稳定的风。信风是气候学术语,指在低空从副热带高压带吹向赤道低气压带的风,北半球吹东北信风,南半球吹东南信风,其方向很少改变,年年如此,稳定出现,很讲信用,这也是"trade wind"的中文翻译成"信风"的原因。而事实上,最初取名 trade wind 的原因是古代商船都是帆船,它们就是靠着这种方向常年不变的风航行于海上。对于长线投资者而言,信风是最好的,它不像暴风那样来势凶猛、忽强忽弱,它会持续而稳定。

对于养老行业而言,从现在开始一直到 2075 年前后的 50 年左右,都处于稳定的信风带。因此,对于资本市场或投资者而言,是时候布局养老领域了。养老不是暴利行业,不适合赚快钱,但它完全能成为一个有稳定回报的、受人尊敬的行业,适合赚稳钱。根据我们的估算,2020 年中国养老市场的规模已经接近 8 万亿元,年平均增长率为 12%,远远高于 GDP 的增长。

未来 50 年,不仅中国老龄化程度不断加深,老年人消费观念也将不断变化。从 2020—2035 年,随着中国从小康社会向基本实现社会主义现代化迈进,人民群众的收入水平还将迈上一个台阶。而到 21 世纪中叶,中国将全面建成社会主义现代化强国,人民生活将达到中等国家水平。

　　未来 50 年,在数亿老年人追求美好养老生活的过程中,中国养老市场规模将从十万亿向百万亿攀升,养老行业将进入一个繁荣时期。

　　祝愿养老行业的航船在未来 50 年的信风带中平稳前行!

附录　相关机构研究报告

艾瑞咨询:2021 中国养老服务发展报告,2021 年 4 月。

艾媒咨询:2021 中国银发经济行业调研报告,2021 年 6 月。

北京师范大学中国公益研究院:2017 年中国养老服务人才培养情况报告,2017 年 3 月。

海通证券:养老服务供需错配加剧,保险公司落子养老社区大有可为,2021 年 7 月。

红杉资本:2019 年中国城市养老消费洞察报告,2019 年 12 月。

宁波市人民政府发展研究中心:加快发展老年教育,积极应对人口老龄化,2020 年 12 月。

平安证券:养老产业专题研究 1:人口老龄化＋需求多元化,发展养老产业势在必行,2021 年 6 月。

平安证券:养老产业专题研究 2:构建多元化的中国养老保障体系,2021 年 6 月。

且慢管家:一份《中国养老金精算报告 2019－2050》,你的养老金该怎么办?,2019 年 4 月。

上海交通大学行业研究院:关于上海市养老行业市场化发展的研究报告,2019 年 6 月。

申万宏源:老龄社会已至,养老准入放开行业蓄势待发,2019 年 3 月。

泰康保险集团:我国典型地区养老服务机构从业人员服务能力调研报告,2018 年 8 月。

头豹研究院:2019 年中国养老保险行业概览,2019 年 5 月。

信达证券:时不我待:我国三支柱养老体系建设——对比美国、日本分析,2021 年 4 月。

雪球专栏:中国个人养老金投资为 ETF 发展带来机遇,2018 年 5 月。

中国民生银行研究院:迈向 2049 的我国社会保障制度改革战略研究,2020 年 7 月。

参考文献

本刊编辑部,于建明,陈雪楠,等.构建并完善以居家和社区养老为主体的养老服务体系势在必行[J].中国民政,2018,642(21):12.

董彭滔.中国养老机构公建民营政策演进研究[J].中国物价,2019(3):94-96.

窦玉明.第三支柱养老金业务成败要点[EB/OL].(2019-07-15)[2021-08-28].https://www.fx361.com/page/2019/0715/5311144.shtml.

胡雅坤,乔晓春.北京市养老机构财政补贴政策与机构运营状况的关联研究[J].社会政策研究,2019(3):14.

马志强.从体系搭建到服务实施——论社会养老服务政策的转向[J].吉林工程技术师范学院学报,2015(12):4-7.

孟丹.中国居家社区养老服务问题研究[J].现代商贸工业,2017(21):2.

宋文雪.我国居家社区养老服务问题及对策研究[J].山西青年,2021(8):71-72.

陶翌.上海市居家社区养老供需问题研究[D].上海:上海师范大学,2018.

汪敏.中国机构养老服务的民事法律风险研究[J].社会保障评论.2018,1(5):103-122.

午言.发展养老金融,服务养老事业[N].人民日报,2020-11-30(18).

向运华,王晓慧.新中国70年养老服务体系建设、评估与展望[J].广西财经学院学报,2019,32(6):9-21.

阎志强.城市老年人的机构养老意愿及其影响因素:基于2017年广州老

年人调查数据的分析[J].南方人口.2018,33(6):9.

杨根来.中国为老服务人才发展研究报告(2015—2016 年)[EB/OL].(2017 - 01 - 22)[2021 - 08 - 30]. http://www.xinhuanet.com/gongyi/yanglao/2017 - 01/22/c_129457404.htm.

于建明.我国居家和社区养老相关政策发展脉络[J].中国民政,2018,642(21):14 - 16.

于建明.政策视角下新中国养老服务体系发展历程[J].社会政策研究,2020(1):3 - 18.

张丽,严晓萍.智慧养老服务供给与实现路径[J].河北大学学报(哲学社会科学版),2019(4):96 - 102.

张妍顿.37 家养老概念公司,地产金融及医疗行业占 6 成[EB/OL].(2019 - 09 - 02)[2021 - 09 - 09]. https://baijiahao.baidu.com/s? id＝1643521106604927011&wfr＝spider&for＝pc.

赵春飞.老龄化背景下居家社区养老问题及框架构建思考[J].中国经贸导刊,2018(36):27 - 60.

甄新伟.推动金融高质量服务养老产业[N].经济日报,2019 - 07 - 24(9).

郑伟厚,刘晓桐.我国保险公司布局养老产业的现状分析及优化建议[J].南方金融,2019(3):72 - 79.

周丽,牛慧丽.加速布局养老产业[N].中国建设报,2020 - 08 - 25(8).

左美云,刘浏,尚进.从国家政策看智慧健康养老发展脉络[J].中国信息界,2021(1):4.